ほっとする

般若心経

文・野田大燈
書画・高木大宇

目次

1 『般若心経』のこころ　摩《ま》訶《か》般《はん》若《にゃ》波《は》羅《ら》蜜《みっ》多《た》心《しん》経《ぎょう》……6

2 サングラスを外せ　観《かん》自《じ》在《ざい》……10

3 ボランティアこそ菩薩行　菩《ぼ》薩《さつ》……14

4 坐禅でリラックス　行《ぎょう》深《じん》般《はん》若《にゃ》波《は》羅《ら》蜜《みっ》多《た》時《じ》……18

5 仏のパッケージ　照《しょう》見《けん》五《ご》蘊《うん》皆《かい》空《くう》……22

6 心のニュートラル　度《ど》一《いっ》切《さい》苦《く》厄《やく》……26

7 聴く耳を持て　舎《しゃ》利《り》子《し》……30

8 断続を継続して生きる　色《しき》不《ふ》異《い》空《くう》……34

9 《空》《色》の同時進行　空《くう》不《ふ》異《い》色《しき》……38

10 レント眼で見よう 色《しき》即《そく》是《ぜ》空《くう》 …… 42
11 何もないからいい！ 空《くう》即《そく》是《ぜ》色《しき》 …… 46
12 情報処理 受《じゅ》想《そう》行《ぎょう》識《しき》亦《やく》復《ぶ》如《にょ》是《ぜ》 …… 50
13 極めれば《空》 舎《しゃ》利《り》子《し》是《ぜ》諸《しょ》法《ほう》空《くう》相《そう》 …… 54
14 永遠の生命 不《ふ》生《しょう》不《ふ》滅《めつ》 …… 58
15 刑事さんの手 不《ふ》垢《く》不《ふ》浄《じょう》 …… 62
16 プラマイ零 不《ふ》増《ぞう》不《ふ》減《げん》 …… 66
17 幽霊の正体 是《ぜ》故《こ》空《くう》中《ちゅう》 …… 70
18 スクリーンなる「空」 無《む》色《しき》無《む》受《じゅ》想《そう》行《ぎょう》識《しき》 …… 74
19 六根清浄 無《む》眼《げん》耳《に》鼻《び》舌《ぜつ》身《しん》意《い》 …… 78
20 負けるな誘惑に 無《む》色《しき》聲《しょう》香《こう》味《み》觸《そく》法《ほう》 …… 82

21 騙されるな！
無《む》眼《げん》界《かい》乃《ない》至《し》無《む》意《い》識《しき》界《かい》……86

22 昼夜はセットで一日
無《む》無《む》明《みょう》亦《やく》無《む》無《む》明《みょう》盡《じん》……90

23 老死を生きる
乃《ない》至《し》無《む》老《ろう》死《し》亦《やく》無《む》老《ろう》死《し》盡《じん》……94

24 幸せのキーワード
無《む》苦《く》集《しゅう》滅《めつ》道《どう》……98

25 既に得ているではないか
無《む》智《ち》亦《やく》無《む》得《とく》以《い》無《む》所《しょ》得《とく》故《こ》……102

26 菩薩のエネルギー
菩《ぼ》提《だい》薩《さつ》埵《た》依《え》般《はん》若《にゃ》波《は》羅《ら》蜜《みっ》多《た》故《こ》……106

27 力を抜いて
心《しん》無《む》罣《けい》礙《げ》無《む》罣《けい》礙《げ》故《こ》無《む》有《う》恐《く》怖《ふ》……110

28 落ち着きどころ
遠《おん》離《り》一《いっ》切《さい》顚《てん》倒《どう》夢《む》想《そう》究《くう》竟《きょう》涅《ね》槃《はん》……114

29 誓願に生きる
三《さん》世《ぜ》諸《しょ》佛《ぶっ》依《え》般《はん》若《にゃ》波《は》羅《ら》蜜《みっ》多《た》故《こ》
得《とく》阿《あ》耨《のく》多《た》羅《ら》三《さん》藐《みゃく》三《さん》菩《ぼ》提《だい》……118

30 言葉を超えた言葉
故《こ》知《ち》般《はん》若《にゃ》波《は》羅《ら》蜜《みっ》多《た》是《ぜ》大《だい》神《じん》呪《しゅ》是《ぜ》大《だい》明《みょう》呪《しゅ》是《ぜ》

無《む》上《じょう》呪《しゅ》是《ぜ》無《む》等《とう》等《どう》呪《しゅ》 …… 122

31 受け入れる
能《のう》除《じょ》一《いっ》切《さい》苦《く》 …… 126

32 素直に素直に
眞《しん》實《じつ》不《ふ》虚《こ》故《こ》説《せつ》般《はん》若《にゃ》波《は》羅《ら》蜜《みっ》多《た》呪《しゅ》即《そく》説《せつ》呪《しゅ》曰《わつ》 …… 130

33 観音さまはいつも傍にいます
羯《ぎゃ》諦《てい》羯《ぎゃ》諦《てい》波《は》羅《ら》羯《ぎゃ》諦《てい》波《は》羅《ら》僧《そう》羯《ぎゃ》諦《てい》菩《ぼ》提《じ》薩《そ》婆《わ》訶《か》
般《はん》若《にゃ》心《しん》経《ぎょう》 …… 134

般若心経 …… 138

あとがき …… 142

摩訶般若波羅蜜多心経《まかはんにゃはらみったしんぎょう》

『般若心経』のこころ

上方漫才の掛け合いで、

「儲かりまっか？」

「儲かりまへんわ、四苦八苦ですわ。」

という定番があります。

若い頃の私は、意味もわからずに笑って聞き流していました。

この世は実に流動的で、不安定で不確実です。そのことを仏教では、「四苦八苦の世界」と言い、「娑婆《しゃば》世界」ともいっています。漫才師は、この世の真実を庶民の生活を通して語っていた訳です。

この世の中をすべて自分の思い通りになる世界、楽しい世界と錯覚した時から苦しみ

摩訶般若波羅蜜多心経

が始まります。その根本が分からない限り、地獄の沙汰にのた打ち廻らなくてはいけません。

＊

『般若心経』は、正式には『摩訶般若波羅蜜多心経』といい、その原本は、六百巻もある膨大な『大般若波羅蜜多経』です。その中から教えのエキスをたった二百六十二文字に納めて理論的に展開しているのが『般若心経』ですから、濃縮しすぎて理解しにくいのも当然でしょう。

《摩訶》とは「素晴らしく勝《すぐ》れている」の意味で、《般若》は「智慧」、《波羅蜜多》は「目的達成」、《心経》は「究極の教え」と訳せましょうか。つまり「幸せになるための究極の教え」ということです。シンプルに、物事に執《と》らわれずに、そして自分らしく悠々と生きていく方法を説き明かしています。だから多くの人が読経したり写経したりするのです。

『般若心経』の主人公は観音さまです。「大いなる生命そのもの」が観音さまです。だから観音さまは常に私たちを慈しみ見守ってくださっています。そして、時と場所によって身を変え姿を変え、私たちの側に居てくれているのです。これを三十三身変化といいます。それは、自分自身の母であったり父や我が子であったり、友人や上司・部下であったりと変幻自在で、生きることに行き詰まったり、悲しいとき、苦しいときに生きるヒントを与えてくれるのです。

観《かん》自《じ》在《ざい》

サングラスを外せ

『裸の王様』というアンデルセンの童話。はた織り師に化けたペテン師にまんまと騙《だま》されて、裸で大勢の人の見守る中を行列した王様……。誰もが、王様は裸ではないだろうか？と疑いながらも、

「あぁ、王様はなんて素晴らしい服を召されているのだろう！」

と感嘆してみせます。すると一人の少年が、

「でも王様は何も着てないよ！」

と言いました。少年の言葉は次々と広がって、やがて王様の耳にも達します。すべてを理解した王様は、今まで以上に胸を張って行列の歩を進めた……。というストーリーだったと思います。

觀自在

「今まで以上に胸を張って歩を進めた」なんて、さすが王様、と言いたいところですね。

さて、王様やその家来、そして民衆たちはどうしてありのままの思いを口に出せなかったのでしょうか。それは、「裸に見えるのは、役立たずかトンマの証拠だ」と言われることを恐れてのことでしょう。

＊

私たちは、無意識のうちに「良く評価されたい」という心が働きます。そして更に、その人の立場や場所によって、七色のサングラスを掛けて物を見てしまうのです。それは社会的な地位や名誉であったり、プライド・利害損得・毀誉褒貶《きよほうへん》・勝ち負けなどというものへの執着心によるものでしょう。

赤いサングラスを掛ければすべてが赤く、青いサングラスを掛ければ青く見えます。自分が掛けたサングラスの色のために、本当の色彩が判らなくなって判断を誤ってしまうことすらあります。

《観自在》とは、サングラスを捨てて自分のまなこで、事実を事実のままに直視することです。先入観に執らわれずに、観ることが自由自在だから判断も的確なのです。この《観自在》とは観音さまのこと。観音さまは坐禅修行の成果として、何者にも執らわれない自由自在の境地を得られたのです。この物語の少年のように、何時までも素直な心でありたいものです。

菩《ぼ》薩《さつ》

ボランティアこそ菩薩行

《菩薩》と名のつく仏はどれほどあるでしょうか。よく知られたところではやはり観音菩薩でしょうか。ほかに文殊菩薩・普賢菩薩・弥勒菩薩・虚空蔵菩薩・地蔵菩薩。他に法華経の普門品というお経を拠《よ》り所に描かれた白衣観音・施薬観音・持経観音など、三十三観音もあります。共通点は、お釈迦さまやそのお弟子方が頭を剃っているのに対して髪の毛があることと、ネックレスやイヤリングで身を飾っていることです。つまり菩薩は出家僧ではないのです。普通の姿をして私たちの生活の中にいるのです。それは、苦しみ悩んでいる多くの人たちに、高い所から教えを垂れたり指導したりするのではなく、同じ立場で同じ目線で手を差し伸べようとしているからなのです。

元来、日本の仏教は「菩薩行」が根本です。だから比叡山を開かれた伝教《でんきょう》大師《だいし》最澄《さいちょう》

菩薩

は「忘己利他《ぼうきりた》」、つまり「己《おのれ》のことは計算に入れずに他人の為に尽くせよ」、と断言しています。真言宗を開かれた弘法大師空海《こうぼうだいしくうかい》は「済世利人《さいせいりじん》」、「社会の為に、人の為に尽くしなさい」、と言われています。永平寺を開かれた道元禅師《どうげんぜんし》は「自未得度先度他《じみとくどせんどた》」。日蓮《にちれん》聖人《しょうにん》は「身の安堵《あんど》を思はば、四表《しひょう》の静謐《せいひつ》を計《はか》れ」。日蓮聖人の熱烈な信奉者だった宮沢賢治は、日蓮聖人の言葉を噛み砕いて、「世界全体が幸福にならない限り、個人の幸福はありえない」と言っています。

*

今や日本でもボランティアという言葉が定着したようですが、ボランティアの定義は、

1、無償で代償を求めないこと。
2、奉仕であること。
3、自主的であること。

つまり菩薩行はボランティアそのものなのです。

昔から《菩薩》になるための実践法があります。それは「六波羅蜜《ろくはらみつ》」（1布施・2持戒・

3忍辱・4精進・5禅定・6智慧）の行と「四摂法《ししょうぼう》」（1布施・2愛語・3利行・4同事）の実践です。仏の位に登れるほどの働きをしながらも、仏の位に見向きもしない人たちのことを《菩薩》と言うのです。

この考え方が大乗仏教であり《菩薩》の使命なのです。ちなみに、真言宗が本尊としている大日如来《だいにちにょらい》は、仏の位にありながら冠型に髪を結いあげた《菩薩》の姿をされているのです。

行深《ぎょうじん》般若波羅蜜多時《はんにゃはらみったじ》

坐禅でリラックス

《深く般若波羅蜜多を行じた時》と読んでください。《般若波羅蜜多》とは、具体的には「坐禅」のことです。坐禅と言うと仏教、そしてお釈迦さまを連想されるでしょうが、坐禅はお釈迦さま以前からインドの修行者が行っていた精神集中法でした。お釈迦さまは二千五百年前の実在人物で、現在のネパール国、日本で言う県ほどの君主の子として誕生しました。しかし、生後七日にして母を病で亡くし、その悲しみが尾を引いていたのでしょうか。「人はどうして老い・病み、そして死んで逝くのか…？」と言うような疑問が頭から離れなかったようです。

結婚をして、後継ぎの一子が誕生して間もなくの二十九歳ですべてを捨てて出家されます。六年間の壮絶な苦行の後に、苦行の無意味さを実感して修行の方向転換を計りま

行般若波羅
蜜多時

す。その修行法として選ばれたのが坐禅でした。そして、明星が瞬く明け方に大悟され「山川草木悉《ことごと》く仏性あり」、「我と大地有情と同時成道」と叫ばれました。時に釈尊三十五歳の十二月八日でした。

仏教は、釈尊の坐禅による悟りを通して誕生したものです。その坐禅の様子が《深般若波羅蜜多》です。足を組み手を組んだ揺るぎない不動の姿勢をとり、しかも全身の力を抜き放ったリラックス状態。海水に身を任せて浮いているような心地です。しかし、坐禅も気を抜くと溺れますのでご用心を……。海水と自分が、広がる空と自分が一体となる妙味が身心を癒し、パワーを高めてくれます。釈尊は、坐禅の状態で海中深く潜行するように、自身の深層に分け入って四十五億年の生命の歴史をさかのぼり、山も川も草も木もこの地球上のすべてが、生命の根源を一にする同胞だと体感されたのです。

お経の中に「釈迦の娑婆往来八千遍」とありますから、釈尊は人類誕生からの二十四万年の中で、自分の過去世をすべて記憶されていたのでしょう。これが《深般若波羅蜜多》なのです。

照《しょう》見《けん》五《ご》蘊《うん》皆《かい》空《くう》

仏のパッケージ

《五蘊は皆な空だと照見した》と読みます。

坐禅を組んで般若波羅蜜多の心境になれば、すべての雑事や雑念から解き放たれますから、見えなかったものが見え、聞こえなかったものが聞こえてくるのです。

大雨や濁流によって濁った池や川の水が、時間の経過とともに除々に水が澄んできます。それまで濁りで覗き見ることのできなかった水底が手に取るように見えてきます。「あっ、探していた靴の片方が沈んでいる！　スプーンも……」なんてね。その澄み切った心の状態で自分自身を覗き見るのです。そしてわかることは、生物の感覚というものは沢山のパーツが巧妙に組み合わされて成り立っている、ということです。それを代表させて《五蘊》（色・受・想・行・識）と言います。

不動明王

「色」とは形あるもの、つまりこの世界の物質すべてを指します。つまり山も樹木も家も車も食べ物もすべてです。それらの存在を私たちは、目や耳、鼻や舌や身体の皮膚といったような感覚の受信装置を通して認識します（受）。

そして、自分が感じたものを従来の知識とか体験という記憶のデータを駆使して、「山だ、車だ、カレーライスだ！」と確認します（想）。そして「素晴らしい山だ！」と感激したり、「あの車に乗りたい！」と衝動に駆られたりします（行）。しかし、車というものをよくよく観察してみます（識）と、ボディは軽金属やFRPを薄く引き延ばして造形し、お客の好みに化粧してできあがっています。エンジンやタイヤもそうです。つまり「車」という一塊のものが存在するというよりは、様々なパーツが組み合わされたのが車であり、人体も同じなのです。

私たちの肉体は、すべてが四十五億年という気の遠くなるような地球の変化に適応しながら進化を経て、緻密で巧妙に組み立てられた「形」に過ぎません。形に執着し過ぎると、「傷つけられたくない、盗られたくない」と、愛車を頭上に捧げて道路を歩かなければなりません。車は乗るもの、身体は使うもの。
深追いは苦しみや悲しみの待つところ。何事もほどほどが肝心。

度《ど》一《いっ》切《さい》苦《く》厄《やく》

心のニュートラル

《一切の苦厄を手離す》ということです。

人は誰しも幸せになりたいと願っています。チルチル・ミチルの「青い鳥」探しもそうでしょう。でも結局、幸せは遠くの何処にもなくて自分の足許にあったのです。では青い鳥探しがくたびれ儲けだったか、というとそうではありません。それがあったからこそ幸せが自分の手元にあったことが判ったのです。

身体が水を要求していないのに、無理やり水を飲まされても苦しいだけで美味しいはずがありません。しかし、汗をかいてクタクタになるほどに身体を使った後は、水道の水でも美味しいのです。つまり、大きな幸せを感じるためには大きな苦しみが必要なのです。だから「煩悩即菩提《ぼんのうそくぼだい》」と言うのです。

お釈迦さまが、ご自分の王子という身分と生活に満足していたなら、出家も修行もなされなかったでしょう。生後七日にして最愛の母と死別するなど、多難な人生だったからこそ大修行の末に悟りを開かれたのです。

お釈迦さまは、この世のことを「娑婆世界」と言われました。つまりこの世は自分の思い通りにはならない苦厄（四苦八苦など）の世界だよ、と教えています。「この世は自分の思い通りにいかない」ということが徹底して理解できた時に、始めて人生が自分の思い通りになるのです。これは幸せに人生を送るためのキーワードです。

反対に「すべて自分の思い通りになる！」と考えていると、思い通りに事が運んでも、それはその人に取っての「当然」でしかないので、そこからは感謝も喜びも生まれてきません。

幸せを妨げるのは《苦厄》ですが、それはそのまま生存している私自身なのです。自分のためだけの幸せを願う人を「小欲の人」といいます。他の多くの人の幸せを願う人を「大欲の人」というのです。そして自己の欲をまったく持たない人を「無欲の大欲の人」といいます。

ちなみに《度一切苦厄》の言葉は、『心経』の原本にはなくて三蔵法師が加筆したものと言われています。『心経』の目的は、この《度一切苦厄》にあると言えるでしょう。

舎《しゃ》利《り》子《し》

聴く耳を持て

釈尊十大弟子の中の筆頭で、「智慧第一舎利弗尊者」といわれる方がおられました。釈尊の弟子となる以前は、親友の目連尊者と共に他の教団の幹部として修行に精進していましたが、偶然に街角で見かけた釈迦教団の修行者の、あまりに行持《ぎょうじ》綿密《めんみつ》な立ち居振る舞いに心打たれ、二百五十人の仲間と共に釈尊の弟子となるのです。

求道の者にとってもっとも大切なことは、「正師」との出会いです。舎利弗尊者の素晴らしさは、年齢が自分より年下であっても、釈尊を正師と見定めることで一生涯を弟子としての分を尽くしたことでしょう。

信仰とは書いて字の如しで、「信」とは人が言うと書き、「仰」とは仰ぎ見るという意味です。つまり信仰とは、「尊き人の語ることを一心に仰ぎ見つつ聴く」ということです。

舎利子

寺院だけでなく教会もそうですが、そこに安置された尊像の顔の位置は、礼拝者の視線から四十五度の角度にあります。身心脱落して少しアゴが上向いた状態が、すべてを無批判に素直に受け入れられる姿勢なのです。

＊

私達は、近代の学校教育により、思考し発言することを是としています。そのために先生の喋ったことを即座に分析し、言語化して発表しようと集中します。その間、先生の喋ったことは耳に入っていないのです。思考する訓練も必要ですが、無思考の訓練も必要です。

『般若心経』の中で、観世音菩薩が、「良く聴いているか舎利子よ」と呼びかけます。重大発言だからこそ、観音さまの説法を聞こうとして集まっているすべての人たちに、「さぁ、ここのくだりは大事だから良く聴けよ」と注意を喚起しているのです。

そうした箇所は二つあります。六百巻ある『大般若経』から言葉を選りすぐって二百六十二文字とした中での二度の呼びかけ、《舎利子》は重いのです。

舍利子

色《しき》不《ふ》異《い》空《くう》

断続を継続して生きる

四十五億年前、この銀河系の宇宙には地球なんて存在しませんでした。しかし、ビッグバンによって宇宙ができ、そして太陽、地球が誕生しました。つまり何もなかった空間から地球という「かたち」《色》が誕生したのです。そして灼熱の荒ぶる団塊でしかなかった地球が、気の遠くなるような時間をかけて徐々に冷えてゆき、その七十%を占める海の底深くに、小さな小さなアメーバのような生命が誕生しました。つまり宇宙に地球が誕生し、次いで生命が誕生したのです。その生命体は徐々に進化し、環境に適応して形さえも変えて行きました。大きなクジラのようなものから多種多様な動物や植物群まで、飽くなき生命の進化発展は、海中からついには陸上でも生活適応できるよう進化していったのです。

つまり、この現代の二十一世紀の地球上にある、今の私の生命を連綿と辿れば三十数億年前のアメーバに到るのです。これが生命の重みです。

しかし、宇宙すら有限の中で、わが生命体は単純に生き続けて来られた訳ではありません。生き抜くことと、生・老・病・死とは常にセットなのです。

皆さんの過去百年の家族史を繙《ひもと》いてみてください。病に倒れ、不慮の事故や戦争で亡くなられた方はいませんか。生き残った家族にバトンタッチすることで続いてきたのではありませんか。有限の生命が断続的に生命の糸を紡ぐことで継続してきているのです。

＊

人間の生命の誕生である受胎から妊娠・成長・出産という十月十日の過程は実に神秘であるとともに、何よりも地球上の生物誕生のプロセスと酷似しているのに驚かされます。地球から生じた生命なのだから似ていて当然です。

地球の歴史に刻まれた万物流転の摂理から目をそらせてはいけません。あなたの生命は《空》より生じ、そして《空》に帰ります。しかしあなたの生きた証は、家族や友人や書き残した文章や絵画や、あるいは建物や裏庭の樹木や科学に足跡として残っているものです。誰にも真似のできない生きざまが。

空不異色《くうふいしき》

《空》《色》の同時進行

私たちは、目に見えるものがすべてであり、この空間を虚空、つまり空っぽの状態と捉えてはいないでしょうか。私たちの肉眼（五感も含めて）で捉えられるものには限界があります。例えば、この空間には窒素が約七十八％、酸素二十一％、その他アルゴン・二酸化炭素・ネオン・ヘリウムのような物質が満ち満ちていますが、普通それを五感で感じることはありません。しかし、間違いなくそれらの物質によって生命維持ができているのです。

また、太陽やその他様々な照明から発せられている可視光線や、不可視光線である紫外線・赤外線、さらには電波・X線・ガンマ線が行き交っています。電磁波を応用して治療に用いたり、またはテレビを見たりラジオを聞いたりできるのです。科学では、物

質の根源は素粒子であり「波動」である、といっています。それはこの空間が波動によって構成されているということになりますが、といってその為に普段の生活に抵抗感や不自由を感じることがあるでしょうか。

魚類が海水を抵抗物質として感じないで自由に泳ぎ回るのと同じように、私たちも様々な物質によって構成された中で生活しています。この世は《空》だと言うけれども、《色》そのものでもあります。だから《空は色に異ならないのですよ》、と説明しているのです。この世は《空》だ、と聞けばすべてが《空》だと思ってしまいます。

＊

古老から「無《む》ー、と伸ばして言ってみろ。有《う》になるだろう。無の中に有があるのだ」と聞かされたことがあります。無と有がセットのように《空》と《色》もセットなのです。そして同時に進行しながら変化しているのです。無常の中の《空色《くうしき》》なのです。

色《しき》即《そく》是《ぜ》空《くう》

レント眼《げん》で見よう

『般若心経』を知らない人でも、《色即是空》とか《空即是色》と言えば、大きく頷くから面白いですね。そして、何となく哲学的雰囲気が漂ってくるから不思議なものです。《色》とは形あるもの、そして《空》とは何もないこと、と説明します。

形あるもので永遠に存在するものはありません。机ひとつがやがては朽ち果てるように、すべての存在は絶えず変化して、その形さえやがては消滅していきます。しかし、私たちは《色即是空》と言われると、すべての存在が「空」だと受け取ってしまうのです。その「空」に執らわれては真実を見誤ってしまうので《空即是色》と説きます。すると今度は、すべての存在が「色」なのだと執らわれてしまうのです。

どんなに活躍している女優さんや格闘家であろうとも、肉体をレントゲン写真で撮ら

色即是空

れると、単なる骸骨に過ぎません。肉体は肉体ですが、骸骨的存在でもあり、更に死して焼かれれば灰に帰してしまうのです。

＊

私はつい最近の五年間、修行のために故郷を留守にしていました。そして修業を終えて帰り、町を歩いていますと、「元気そうだね。」などと声を掛けてくださる人がいます。でも瞬間にはその人が誰だか思い出せないのです。しばらく立ち話しをしている間に、「あぁ、〇〇さんだった。」と思い出すのです。それは、私の〇〇さんの印象は五年前のもので、その後の五年間に容姿が変化していたのです。権力の中枢にいた人が左遷されて見る影もなくなっていたり、今が働き盛りの人もいます。また高齢になるとスタイルやお顔も変わります。数年前に会った幼児がランドセルを背負って元気に歩いている姿を見ると、その成長振りに驚かされます。成長も無常だし、老化も無常の故です。

人は勿論として動物も植物もあらゆる存在が変わってゆくのです。

今日が昨日でなく、今日が明日でないように。《色即是空空即是色》。

空《くう》即《そく》是《ぜ》色《しき》

何もないからいい！

昭和四十九年、禅寺での修行を了《お》えたはいいが、寺に縁のない私に入るべき寺はなかったのです。そこで「ならば時代に即した寺を作ろう！」と一念発起して、海抜四百メートルにある五色台の地に亡父が遺してくれていた山に入りました。とは言っても建てるための資金はゼロだし、資材も工具もない。ないない尽くしで何ができるか……？

市内を托鉢《たくはつ》していた時に、放置してある直径二メートルばかりの醤油タルを見つけて譲り受け、山林を切り開いて住まいとしました。週に幾度か街に出て托鉢し、寺を建てたいと訴え続けていると、「山の中で醤油ダルに住んで『寺を建てたい』、と言っている禅坊主が居るぞ！」と言う噂が広まって、車も通れない小径を歩いて訪れる人も出てきました。和田邦坊画伯が、ベニヤ板半分に三匹のカッパの絵を描いて「本来無一物」と

空即是色

書いて下さいました。「この板は単なるベニヤ板だが、俺が絵筆を揮《ふる》ったら作品になった。大燈《だいと》も禅僧としてこの昭和のベニヤ板にあったものを書いてみろ……」。画伯は絵の具と筆を使って作品を作るが、禅僧の私は徒手空拳です。

世相は登校拒否が社会問題となり、次いで家庭内暴力・校内暴力、シンナー・暴走族の時代でした。気がつけば必要に応じつつ坐禅堂が建ち、男女の宿泊棟が建ち、本堂まがいの建物もできました。和田画伯が、「ウーン、よくもまぁ建ちも建ったものだな。無一物中無尽蔵と言うがこの事か…」と。

私が由緒ある寺を継いだとしたならば、その維持管理に汲々としていたことでしょう。その状況は《空》ではなくて、形ある《色》そのものだからです。人はロマンを持って歩むものです。そのためには何もない方がいいのです。描いてみましょう、等身大の自分自身を。

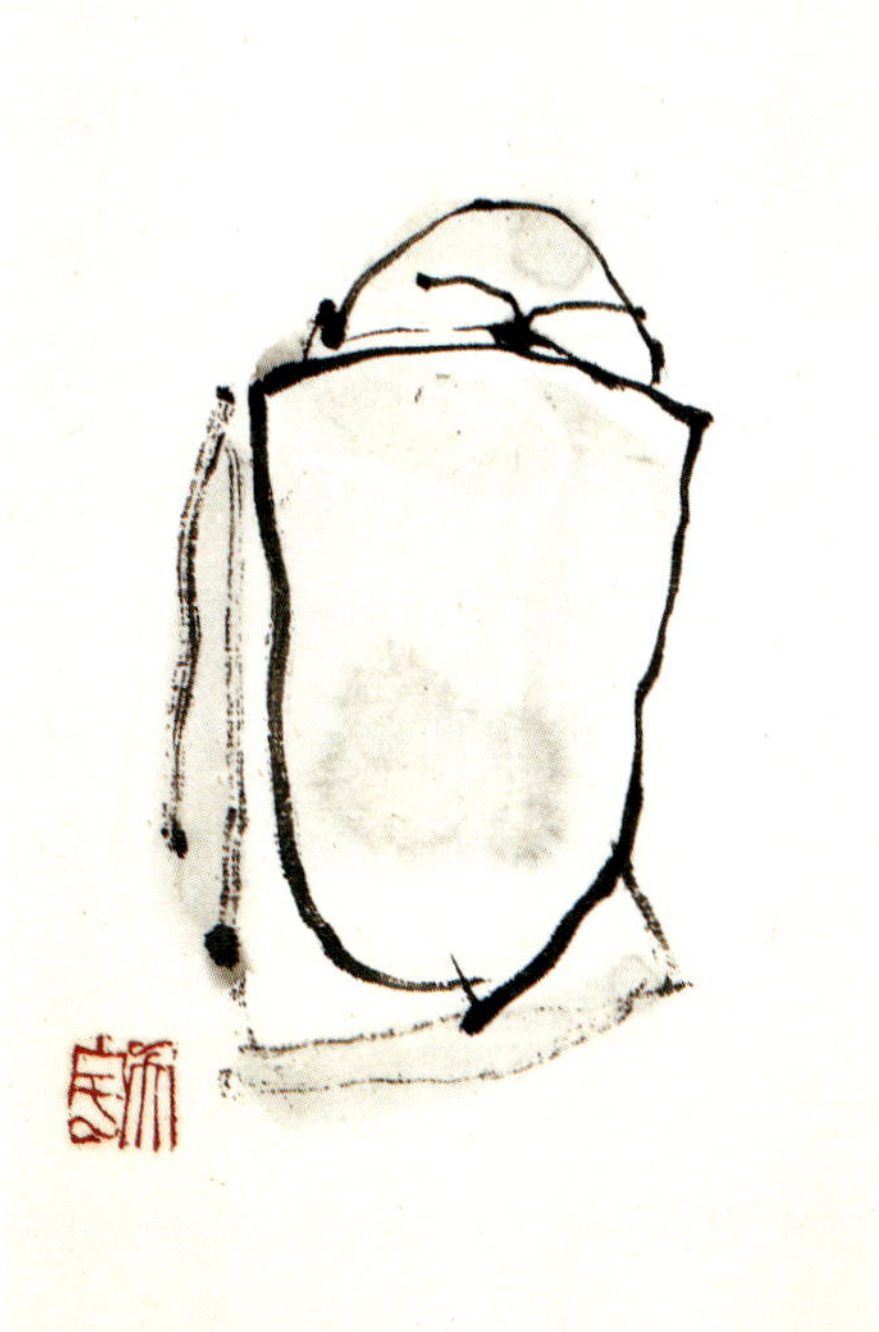

受想行識亦復如是《じゅそうぎょうしきやくぶにょぜ》

情報処理

最近開発が進んでいるのが、人間の身体や脳のメカニズムを参考にして研究され、人間の能力に近づきつつあるロボットです。中にはロボット同士で格闘技を競うものさえあります。

彼らは、相手を認識し《受》、入力されているデータから相手の行動パターンを想定して《想》、行動します《行》。相手への認識を誤ると、次なる行動に支障を来たしてしまうのは当然です。そしてその失敗を修正しつつ進化《識》していきます。そのためには莫大なデータの蓄積が必要になりますが、情報が多ければ多いほど、データ処理のために混乱が生じてきます。

＊

受想行識亦復如是

天台宗の『摩訶止観《まかしかん》』に「一念三千の法門」というものがあります。一念とは一瞬に過ぎる思念のことですが、その一念の心に三千の諸法が具現するといいます。一弾指(指を弾いてパチンと音をたてること)という瞬時の中に、頭脳の中で三千通りの推論が起きる、ともいわれています。

私たちは、絶えず《受・想・行・識》を繰り返しています。でもそのことに執らわれ過ぎると、人間はパニックを起こし、ロボットならば頭脳が加熱して壊れてしまうでしょう。

さまざまな情報はまさに空に輝く星の数ほどあります。必要に応じて、数ある星屑の中から北斗七星を選び出して船位を確認するのも智慧です。星の数ほどもあるネオンサインの中から、仲間の待つ居酒屋に辿り着くのも《受・想・行・識》の智慧に他なりません。

必要なものを取捨選択するのが「智慧」の力なのだと観音さまは説いておられます。

舎利子是諸法空相《しゃりしぜしょほうくうそう》

極めれば《空》

観音さまが舎利弗を始めとする聴衆に、「よく聴けよ」と注意を促します。これから確信に触れる話をなさるのです。『般若心経』は、たった二百六十二文字で綴った《空》を説くエッセンスだけに、一字一字の意味が深く広いのです。その大切な一言一言なのに、二度までも《舎利子よ》と呼びかけるのは、「この部分だけは絶対に聞き漏らしをするなよ」との親切心です。その大切な言葉が《諸法空相》なのです。

＊

戦国乱世の昔、尾張（名古屋）中村の農民の子として生まれた日吉丸が、全国を制覇し諸国を手中に収めて、天下人・豊臣秀吉となります。あらゆる権威と財の「実」を得られたのは、世が戦国乱世という《空》にあったからです。それは、あたかも魚（実）

舎利子
是諸
法空相

たちが海を離れて存在できないように、海中（空）だからこそ自由自在に遊泳できるというものです。

しかし、天下を我がものとした秀吉も、否、天下を我がものとし得たからこそ、凡人には見えないものが見えてきたのです。その辞世の句がそれを如実に物語っています。

露と落ち　露と消えにしわが身かな　浪速のことも夢のまた夢

朝日に当たれば消えてしまう朝露の如き状態の中で、掛け甲斐のないこの命を授かり生き長らえては来たが、やがて生命は朝露の命のように消えようとしている。累々と死体横たわる戦場を駆け抜けた若き日のことも、天下統一を果たして太閤位に就いた浪速の城のことも、今となっては夢のまた夢のようである、と。

秀吉は、戦国の世に天下人となり得たからこそ、誰よりも「この世の諸法は空相である」と実感し得たのではないでしょうか。

不生不滅《ふしょうふめつ》

永遠の生命

「人間は考える葦である」と言ったのはパスカルですが、人は考える力を与えられたと同時に「疑う」ことも覚えてしまいました。勿論、疑問に感じるからこそ思考し、正解を見出そうとして科学や文化が進歩した一面も否めません。だから世間では疑う能力の高い人を尊敬しますが、出世間、つまり世間を出離した社会の人達（真の仏教徒）は疑うことを忌み嫌います。

修行に登って来た新参者に、「疑うな、素直にすべてを受け入れろ！」と古参和尚が喝を飛ばします。仏の教えは、疑う心を捨て去った「信の心」をもって入門とするのです。右だと言えば「左もあるではないか」と疑念し、左だと言えば「否、右に相違ない」と私見に固執する。これでは仏道修行に深まりは見出せません。

そこで観音さまは、「この世は、空なるが存在の故に生じるものもなく、滅し去るものもない」と言われたのです。「水は方円の器に従う」と言いますが、「空」という器の中には右も左も前も後ろもないので、始まりもなく終わりもないのです。換言するなら始まりと終わりがセットになっているのです。ついでに言うなら《不生不滅》と同じく、「空」の中では「不垢不浄」も「不増不減」も同じくセットで存在しています。不の字が六つあるのでこの六種の相を『六不』と言います。

海中は海水で満たされ、地球は空気で満たされ、そして宇宙空間は中性の水素分子等で満たされています。満たされてしまっているからと言っても少しも邪魔にならないし息苦しくもありません。その環境には夫々の適性を得たものがこの空間の中に生じつつ滅し、滅しつつ生じて輪廻して、まさに「水を得た魚の如く」に生きているのです。

不《ふ》垢《く》不《ふ》浄《じょう》

刑事さんの手

先日、知人と一緒に刑事さんが来られました。共通する話もあったりしてしばらく談笑していましたら、彼は半年前ほどに上司から、「トイレ掃除をする会」に誘われて参加した話をしてくれました。

早朝に指定された集合場所の神社に集まり、夫々が公衆便所の掃除に取り掛かったのですが、上司からの半ば職務命令的な参加だったので、嫌々ながら小便器の最下位にある目皿を厚手のゴム手袋をつけてタワシで磨き始めたそうです。

どれほど長く掃除をしていなかったのか、目皿は尿石の結晶で変形し、変色して異臭を放っていました。「我が家の便所も掃除したことのない俺が、早朝からどうしてこんなに臭い便所の掃除をしなくちゃならないのだ…」とボヤキつつ磨いていると、次第に

不垢不浄

磨くことに興味を覚えてきたといいます。黄ばんで異臭を放っていた目皿も、三十分を経過した頃には新品同様にピカピカと光り、そして気が付くと、何時の間にかゴム手袋を脱ぎ捨てて、ニコニコしながら素手で磨いている自分が居たのです。

磨いていた自分の両手を眺めていると、様々なことが脳裏を去来したそうです。産まれたばかりの長女をこの手で抱いた時のこと、好きな車のエンジンルームを手入れして油だらけになった手。十日以上も経過した腐乱死体を素手で抱き上げて、何時までも異臭が消えなかった手。表彰台で名誉ある賞状を頂いた手……。

綺麗なものも汚いものも、分け隔てなく握ってきたこの手が、今更ながらに愛おしく思えたそうです。手自体には差別も区別もプライドもないのです。頭が勝手に「汚れた、浄まった」と言っているだけです。

五月の空に悠々と泳ぐ鯉のぼりは、嫌な風や寒さもあるでしょうが、逆らう気持ちを捨てて風に身を任せています。浄いも浄くないも、垢つく事があろうがなかろうが、清濁併せ飲むのは「空」の力です。

刑事さんは無意識の中で「空」を体得していたのでしょう。

不増不減《ふぞうふげん》

プラマイ零

海技免許の更新講習を受けた時のことです。講師の先生がおっしゃいました。

「海の波は一分間に幾度押し寄せますか？　波動は一分間に十七〜十八回です。つまり人間の一分間の呼吸数とほぼ同じです。その呼吸数の二倍が体温の三十五度ですね。体温の二倍が脈拍数で、心臓の鼓動数の七十。その二倍が百四十の血圧です。つまり海から生まれたすべての生物は自然の摂理に沿って生かされているのです。どうぞ母なる海を大切にして下さい。」

この話を聞いて、改めて海の深さと広さを噛み締めました。

＊

宇宙でビックバンが起こったのが百六十億年前。百億年前に銀河系が誕生して、四十

不増不減

五億年前に地球が誕生します。そして四十億年前に海ができて生命が誕生したとされています。その後の長い長い月日を経て、まさについ最近の四百万〜五百万年前にアフリカで人類が誕生。進化して現在に至っています。

地球は四十五億年を経て、満身創痍ながらも現役で確実に自転してくれています。その時間の流れの中で、海水が異常に増えたり逆に減少したりした異常気象の時もあったでしょうが、全体から見れば増えてもないし減ってもないのではないでしょうか。

すべての動植物が生まれ、そして死んで、そしてまた生まれ死んでいっています。老死の営みは地球の自転に似て悠々と、そして確実に継続されているのです。大いなる営みからすれば、私たち人間の一生も海水と同じく、満ちたり引いたりしながらもプラスマイナス零の《不増不滅》なのではないでしょうか。

不増不減

是《ぜ》故《こ》空《くう》中《ちゅう》

幽霊の正体

〈幽霊の正体見たり枯れ尾花〉と言う句があります。幽霊は、日本文化が作り出した実体を伴わない独特な存在のようで、外国では、吸血鬼ドラキュラが似ているのかもしれません。共通点は、共に朝の光（真理）の元では活動できないことでしょうか。

自分自身で、この世に存在しないものを頭の中で作り上げて怯《おび》えるのです。「怖《こわ》い・怖《おそ》しい」と言うサングラス（先入観）を掛けてドラマを構築していくのですから、すべてが「怖い・怖しい」という「色」に執らわれているわけです。昨夜見た幽霊を冷静に調べて見ると、それはススキの花穂であった、という心の現象ですね。

＊

旅客機の窓越しに外を覗くと、山あり谷ありの白銀色をした光景が広がっています。

是故
空中

また雲の上では、そろりと降りて駆け出してみたくなるような質感ある別世界を眼のあたりにします。でもその別世界に降り立つことはしません。その別世界の正体は、水蒸気が飽和状態となってできた雲（水滴）であることを知っているからです。強力な風に遭えばたちどころに姿を消してしまいます。

昔の人は、この状態を「雲散霧消」と表現しています。観音さまは、この世の存在も「雲散霧消」の世界だと言っておられるのです。青空に浮かぶ雲が風の流れに乗って様々な形を現わします。怖ろしい鬼の顔に見えたり、天馬に見えたり、あるいは懐かしい郷土の風景に見えたりと刻々に変化していきます。でもその現象は、雲が風と共に織り成す一時の流れに過ぎないと心得て、一喜一憂することなく現象を楽しめばいいのです。

仏教の第一義諦に言う「実体がないものに振り回されるな」に尽きるようです。

無《む》色《しき》無《む》受《じゅ》想《そう》行《ぎょう》識《しき》

スクリーンなる「空」

随分と映画を観ていませんが、映画館には心ときめく独特な雰囲気があります。その条件としては、館内が薄暗いことです。明る過ぎると集中力と想像力が低下して、醍醐味が満喫できません。そして、スクリーンは真っ赤や模様の入ったものではダメで、あくまでもスクリーンは白でなければなりません。

やがてブザーが鳴り響き、先刻まで無表情で無味乾燥だった大きなスクリーンに別世界が映し出されます。時には銃撃や悲惨な戦争が繰り広げられたり、若き男女の心温まる恋愛物語が、あたかも現実の如くに映し出されたりします。

画面の中での登場人物が《受想行識》してドラマが展開して行き、観客もそのドラマを観て《受想行識》しているのです。スクリーンは「空」であるけど、スクリーン上の

虚像のように演技し、銀幕に食い入る者は登場人物と同化して泣き笑い怒るのです。そして映画の終わりには無表情のスクリーンが顔を出して「ＥＮＤ」を告げます。

＊

我々が見ていたのはスクリーンであり、そのスクリーン上に繰り広げられていた映像に《受想行識》していただけに過ぎません。映像が消えればすべてが掻き消されてスクリーンが残る。「空」の中で虚像を実像《色》として《受想行識》していたのです。

映画にＥＮＤがあるように、人生にも必ずＥＮＤがあります。開演と終演は人間の生死と同じくセットなのです。ＥＮＤが納得できればそれは《無》が理解されたということでしょう。映画が終われば外に出なくてはなりません。そして舞台は映画館の外、現実の人生となります。

大事なことは、貴方が「主人公」だということです。次なる舞台の演技に徹することが「空」に徹することに他なりません。

無《む》眼《げん》耳《に》鼻《び》舌《ぜつ》身《しん》意《い》

六根清浄

若い頃に西日本の最高峰といわれる石鎚山に登ったことがあります。土曜日の夜に気の合った仲間が集まっての宴席で、酒の勢いもあって「じゃあ明日の朝、全員で石鎚山に登ろう。」と話が纏まり、翌朝、まだ二日酔い状態の者も含めて、ガヤガヤと物見遊山の気分で出発しました。

しかし、相手は標高千九百八十二メートルの石鎚山です。次第に疲れてきて青息吐息です。反対に山頂を極めて降りて来られる人達の顔は活き活きとして明るいのです。足取りも軽く降りてくるハイカーさんの「お登りさんお疲れさん！頑張って」の言葉が厭味に感じられて、素直に受け取れず反発すら感じます。

やっと中腹に至って休憩していると、白装束の一団が「六根清浄《ろっこんしょうじょ》、六根清浄……」

無眼耳
鼻舌身
意

と唱和しながら追い越して行きました。意味もわからずに見送りつつ聞いていましたが、その一団が清々しく感じられて何となく元気が出てきました。頂上を今しばらくにした頃には、「お登りさんお疲れさん！頑張って」の声に「有り難う、お気をつけて！」と素直な気持ちで応えていました。

大量の汗と共に妙なプライドや俗臭までが流れ落ち、まさに六根（眼・耳・鼻・舌・身・意）が清浄されて心地いいのです。最後の岩場に設置された鎖をよじ登って頂上の天狗岳に至りました。突如として山頂ならではの清風が身を包みます。私はその清風に身を任せつつ、恍惚として眼下の大樹海や彼方に広がる瀬戸内海を遠望していると、六根で感じている私と、その私を見ている六根を超えた存在《無眼耳鼻舌身意》に気付きました。

その六根清浄の存在こそ、観音さまに他なりません。

無《む》色《しき》聲《しょう》香《こう》味《み》觸《そく》法《ほう》

負けるな誘惑に

お釈迦さまは、出家してから六年の間、「今までに誰一人として成し得なかったであろう」といわれる程の、身体と心を痛めつける難行苦行の修行を実践しました。しかし、それでは悟りを得ることができないのを実感したのです。

そして、最後の修行手段として選択されたのが坐禅でした。村娘スジャータの供養する乳粥をいただいて体力を回復し、尼連禅河の清水で身体を清め、菩提樹下の岩の上にどっかと坐ります。お釈迦さまの悟りを阻止しようと、悪魔の軍団があらゆる手段を用いて襲います。刀や槍などを持った武力での攻撃、若く美しい女性を用いての誘惑……。それらはすべてお釈迦さまの五感《色聲香味觸法》を集中的に攻撃するのです。

《色》は悪魔の軍団であり美女自身です。《聲》は耳を通して入る脅しの罵声であり、

無色聲香味觸法

甘美な美女の囁きです。《香》は悪魔の放つ息も苦しい異臭であったり、空腹の鼻を誘う豪華料理の臭いだったりします。《味》は口中での味覚です。そして《觸》は物をぶつけられたり、つつかれたりです。《法》は感覚器官ではなく心の作用です。つまり前述の「眼耳鼻舌身意」と《色聲香味觸法》はセットなのです。悪魔軍団は、お釈迦さまの五感を突破口として、あらゆる手段を講じて誘惑作戦を展開しましたが、すべてが失敗に終わり消え去ってしまいました。

お釈迦さまほどの方でも、悪魔がつけ込もうとするような所があったのです。それは、私たち人間の中に「生きる」と言う、食欲・性欲・睡眠欲に加えて名声欲・所有欲など本能的な欲望があるからです。お釈迦さまの悪魔軍団撃退法は、「関わらないこと・執らわれないこと・相手にしないこと」だったのです。

二千五百年前の「空」の教えは現代にこそ必要のようです。

無《む》眼《げん》界《かい》乃《ない》至《し》無《む》意《い》識《しき》界《かい》

騙《だま》されるな！

「道楽」という言葉があります。本来は、「道を解して自ら楽しむ」という意味で、とてもよい言葉だと思います。でもその道楽も道から逸脱すると「道楽で身を持ち崩す」とか「放蕩者」などと言われてしまいます。道楽が「道苦」になってしまっては悲しい顚末です。道楽は大らかでなくてはいけません。

そのためには、偏った見方や判断を下さないことです。禅門では「三度よくよく考えてから決断しなさい」と教えます。動物は、物事を判断するために五つの感覚器官が与えられています。現代医学で「五感」と言えば、視・聴・臭・味・触です。同じく「五官」は、感覚器官の眼（視覚）耳（聴覚）鼻（臭覚）舌（味覚）皮膚（触覚）を指し、すべて仏教の五根から出た言葉だそうです。この五根に意根、つまり心の作用を足せば

「六根」となります。この六つの感覚器官が研《と》ぎ澄まされて、執らわれのない状態を「六根清浄」というのです。

この状態において物事を判断すれば誤りはないでしょうし、その生き方ができる人のことを本来「道楽者」と呼ぶのです。達人の生き方ですね。しかし、私たちの生活する娑婆世界は、六根を曇らせることが多すぎます。「色香に迷う」という言葉がありますが、あえて迷わそうという働きがあるのです。

道を楽しむ者であるには、制約や障害のないフリーな立場でなければなりません。眼・耳などの五官から入る情報に固執した先入観や意識を持たない事を無意識界というのです。お釈迦さまも六年間の最後の修行は「意根」、つまり自分自身の心に住み着いていた悪魔（意識界）との戦いでした。安きに着こうとし、惰性に流れようとさせるのはその悪魔の所為です。

騙されてはいけません。でもその騙す張本人は自分自身でもあるのです。六根清浄の心境が得られれば、騙す自分も騙される自分も存在しないのです。

無《む》無《む》明《みょう》亦《やく》無《む》無《む》明《みょう》盡《じん》

昼夜はセットで一日

仏教では、この世の苦しみの根源は「無知」だと説きます。そして、この無知のことを《無明》と表現していますが、足元を照らす電灯を持ち合わせていないということです。真っ暗闇の中で佇《たたず》んでいると様々な思いが去来して、不安や恐怖心が増幅してきます。妄想が妄想を呼んで発狂しそうになるかもしれません。その時にパチリとスイッチが入ってライトが点灯されると、周囲が鮮明になって状況が呑み込めて、一度に不安から解放されます。その忌み嫌われる《無明》も「空」の世界では、《無明は無い》のです。しかし、続けて《無明の尽きることも無い》と説かれています。つまり《明》も《無明》もセットなのです。明るい昼と真っ暗闇の夜は、二十四時間で一日のセットなのです。

私たちは、得てして幸せのみを望みますが、毎日が幸せならそれはもうすでに幸せで

はないのです。幸せの条件は不幸と隣り合わせで、不幸を体験したからこそ幸せを噛みしめることができるのです。

＊

ある善良で信心深いご夫婦が亡くなられました。当然、因果応報として極楽世界に往生します。極楽世界は何の苦しみもない楽しい世界です。決められた時間に起床しなくてもいいし、食べたいものが食べられる。掃除も労働もしなくてよい。つまり何もすることがないらしい。だから夫妻は一日中、蓮《はす》の台で坐禅をしていました。

ある時に奥さんが、横で坐禅をしている夫に聞きます。

「隣の国に地獄というところがあるそうですが、如何なところでしょうか？」

ご主人がしばらくしてポツリと答えたそうな。

「まぁ、此処よりは退屈しない国でしょうよ」と。

幸いに私たちは苦楽相半ばする世界の住人です。

乃至《ないし》無《む》老死《ろうし》亦《やく》無《む》老死《ろうし》盡《じん》

老死を生きる

『般若心経』は、『大般若経』六百巻という膨大なお経をたった二百六十二文字に凝縮表現したものだけに、言葉の省略が多いのです。仏教は、実践であるとともに哲学でもあります。私たちが、過去↓現在↓未来と生きていくその生き様を細かく十二に分けて、「十二因縁」と表現しています。因縁には「縁《よ》る」と言う意味があり、十二の相をそれぞれ接続しているのです。そして、十二の最初「無明」と、最後の《老死》のみを表現して、その間にある「行・識・名色・六処・触・受・愛・取・有・生」を《乃至》の言葉で割愛していることをご承知ください。ここでは《老死もなく老死の尽きることもない》と説かれています。

人は、「老・病・死」が現実であるからこそ恐れてジタバタします。そのジタバタの

中で恐れが増幅して、見えない影に怯えるようになります。煩悩に取りつかれてしまうのです。煩悩とは、身体や心を悩まし煩わせかき乱す心の作用ですが、その原因は、自分勝手な我欲・我執によるものです。イヌやネコが老・病・死に怯えてノイローゼになったという話は聞いたことがありません。彼らは老・病・死をそのまま受け入れているからでしょう。

＊

秦の始皇帝は、世界を支配する権力を手中に収めたが故に、自分の老・病・死までもコントロールできると錯覚してしまいます。そこで、家来たちを世界に派遣して、不老不死の妙薬を捜させます。欲が大きければ大きいほど、苦しみも比例して大きくなっていくのです。日本に派遣されたのが徐福《じょふく》ですが、徐福は、不老不死の薬など何処にもないことを知っていました。そして、自国に帰ることを止め、老・病・死をそのままに受け入れて、日本の地で幸福に過ごしたそうです。

無《む》苦《く》集《しゅう》滅《めつ》道《どう》

幸せのキーワード

人は誰しも、幸せを希《ねが》って止《や》みません。お釈迦さまもそのお一人で、そのために家族を捨て、王子という地位をも捨てたのです。六年という修行の歳月は幸せを掴むためのものだったのです。しかし、お釈迦さまの得たい幸せは、自分一人の為のものではなくて万人の為の幸せでした。そして命がけの修行の後に悟りを得られて、誰もが幸せになれる方法を説かれたのです。これが仏教の根本原理で「四諦」といい、《苦・集・滅・道》の四つを指します。

《苦》とは、この世の中は娑婆世界といって、すべてが自分の思い通りにはいかないよ、ということ。《集》とは、この苦の原因は、すべて自己中心的な考え方や行動が集積された結果だ、ということ。《滅》は、苦しみの根源となる煩悩や自己中心的な考えを捨

憨笑
隻漢
　　退

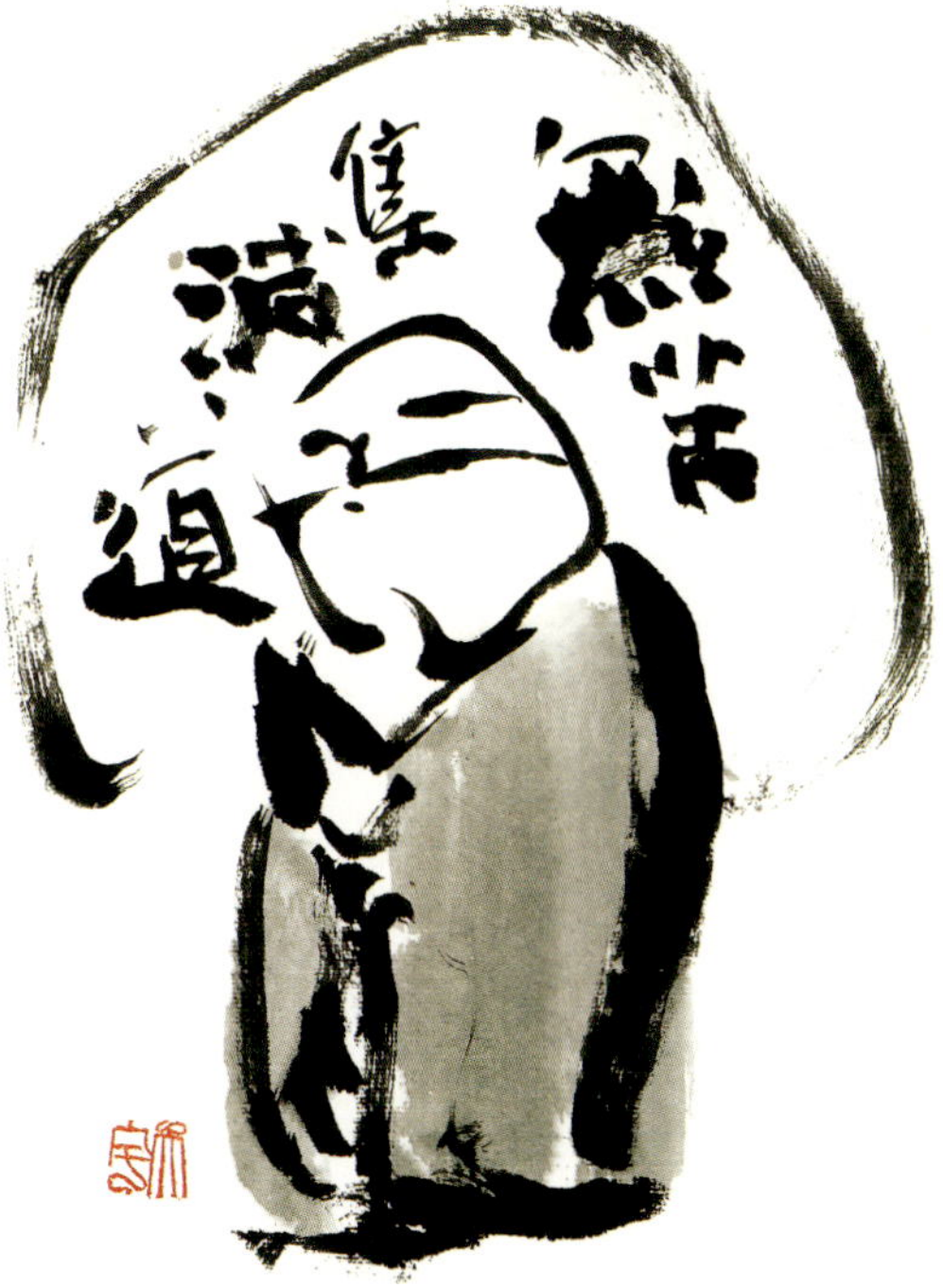

てなさい、ということ。そして四つ目が《道》、それを極めるということです。正確には八正道といいます。

八正道は仏教の実践徳目で、正見・正思・正語・正業・正命・正精進・正念・正定をいいます。仏教は実践ですが、誤った実践は他をも不幸にしてしまいます。

＊

最近の子育てには、過保護・過干渉の風潮が見られます。何時も室内で厚着をさせていたのでは、冬の街頭で風邪をひかせてしまいます。環境に適応できる子育てを考えるなら、「社会は厳しい」ということを前提にすべきでしょう。そしてやがては自分たちも亡くなって、可愛いわが子・わが孫はこの厳しい社会を自分の足で生きていかなければならないのです。

自分で考え判断し、そして実践する。その結果としての責任は、自分自身が取らなくてはならないことを教えることが家庭での教育です。「世は娑婆世界である！」と喝破したお釈迦さまは、真の教育者ですね。

無《む》智《ち》亦《やく》無《む》得《とく》以《い》無《む》所《しょ》得《とく》故《こ》

既に得ているではないか

修行中の同輩に「無学」という名の和尚さんがいました。常識的には、「私は勉強のできていない無学な者です」と、謙遜か、または軽蔑して使う単語です。仲間が、「どうしてそんな名前を付けてもらったの？」と訝《いぶか》しく問いました。すると、「無学とは学び尽くしてもう学ぶ何ものもない、という意味だと師匠から頂いたけど、私には重すぎる名前だよ」と答えました。

《無智》とは、仏の智慧を究め尽くして、縦横無尽の働きができる人のことです。同じく《無所得》も、すでにすべてのものを得ているということです。だから必要な時に取り出すことができるのです。

永平寺を開山された道元禅師が、中国での修行を了えて帰国された時に述べた言葉は、

「空手還郷《くうしゅげんきょう》」でした。中国で修行されて何を得て帰られましたか、の質問に「私は何一つも持って還《かえ》っていません。」と答えられたのです。覚えきれてないお経なら、経本や参考書を持ち帰えらざるを得なかったでしょうが、全てを身につけてしまえば品物として持ち帰るものは何もないのです。

＊

私の修行は、私が生まれてから始まった修行ではないのです。私の両親の、そしてその先祖の修行成果をＤＮＡとして引継いでいるのです。しかし、単に引き継いでいても生命を注いでやらねば、折角の所有物も無用の長物となります。この《無智》と《無所得》を以て、社会のために活動する人を「菩薩」と言うのです。

会社に社長・専務といった立場があるように、仏界にも位があります。仏・菩薩・縁覚・声聞、という階位ですが、菩薩は、仏になるだけの修行力と徳目を備えていながらも仏の座に就かずに衆生済度に奔走しているのです。

菩提薩埵依般若波羅蜜多故《ぼだいさつたえはんにゃはらみったこ》

菩薩のエネルギー

『般若心経』の主人公は観音菩薩さまです。菩提薩埵（ボーディーサットーヴァ）は、古代インド語で、《菩提》が悟り、《薩埵》が有情、つまり他人の心情を測り知れる情けある者という意味で、自分自身も仏の教えを通して悟り、他の人たちも悟りに導きいれようとする者のことです。

二十一世紀に入って仏教を必要とするなら、様々な特技と能力を持った実践者としての菩薩が必要です。菩薩は、悟りを求める者との解釈もされていますが、常に人間が大好きで、人間の利益を考え、その為には自分の悟りをも犠牲にする、という悟りにも執われないものを持っています。「まず悟りありき」ではなくて、「衆生無辺誓願度《しゅじょうむへんせいがんど》」（さ迷う人は限りがないが、そのすべての人をも幸福にしてあげたい、という菩薩の願い）

菩提薩埵

依般若波羅

蜜多故

を願って活動していれば、「修証一如《しゅうしょういちにょ》」（自己の確立）で修行の程度に並行して悟っていくのです。「悟りを得るに越したことはないけれど、悟りを得なければ人助けができない」では本末転倒で、大乗仏教の考え方に逆行してしまいます。その菩薩を菩薩として突き動かすものは何でしょうか。

＊

ピアカウンセラーという言葉があります。高校・大学と学校で心理学を学び、資格を取って活動しているカウンセラーとは違い、何らかの原因で障害者となり、同じ障害を持つ人たちのカウンセリングに当たる人のことです。「大病をしたことのある人を友達に持て」とも言います。二十一世紀の菩薩は、相手の苦悩を自分の苦悩として受け取れる人であらねばなりません。

心《しん》無《む》罣《けい》礙《げ》無《む》罣《けい》礙《げ》故《こ》無《む》有《う》恐《く》怖《ふ》

力を抜いて

お化粧をするには鏡台が必要です。特に入念な化粧をするには、鏡の表面をよく拭きあげて、曇りやほこりが付着しないよう配慮が必要でしょう。表面に付いたホコリを顔の傷やシワと見間違えてしまうことがあるかもしれません。その向かい合う鏡が自分の心の中にも必要なのです。《心無罣礙》とは、心に引っかかるもの《罣》や、妨げるもの《礙》が無いことをいいます。社会現象を正しく捉え、的確な判断をする為には、個人的な感情や偏った先入観は禁物です。つまり《罣礙》を心の中に養っていてはならないのです。そのために、常に心の鏡をクリアーにしておかなければなりません。坐禅はそのために行う心のクリーンケアーです。姿勢を整え呼吸を整え、そして心をクリアーにしておけば、些細な変化にも的確に対応できるようになります。

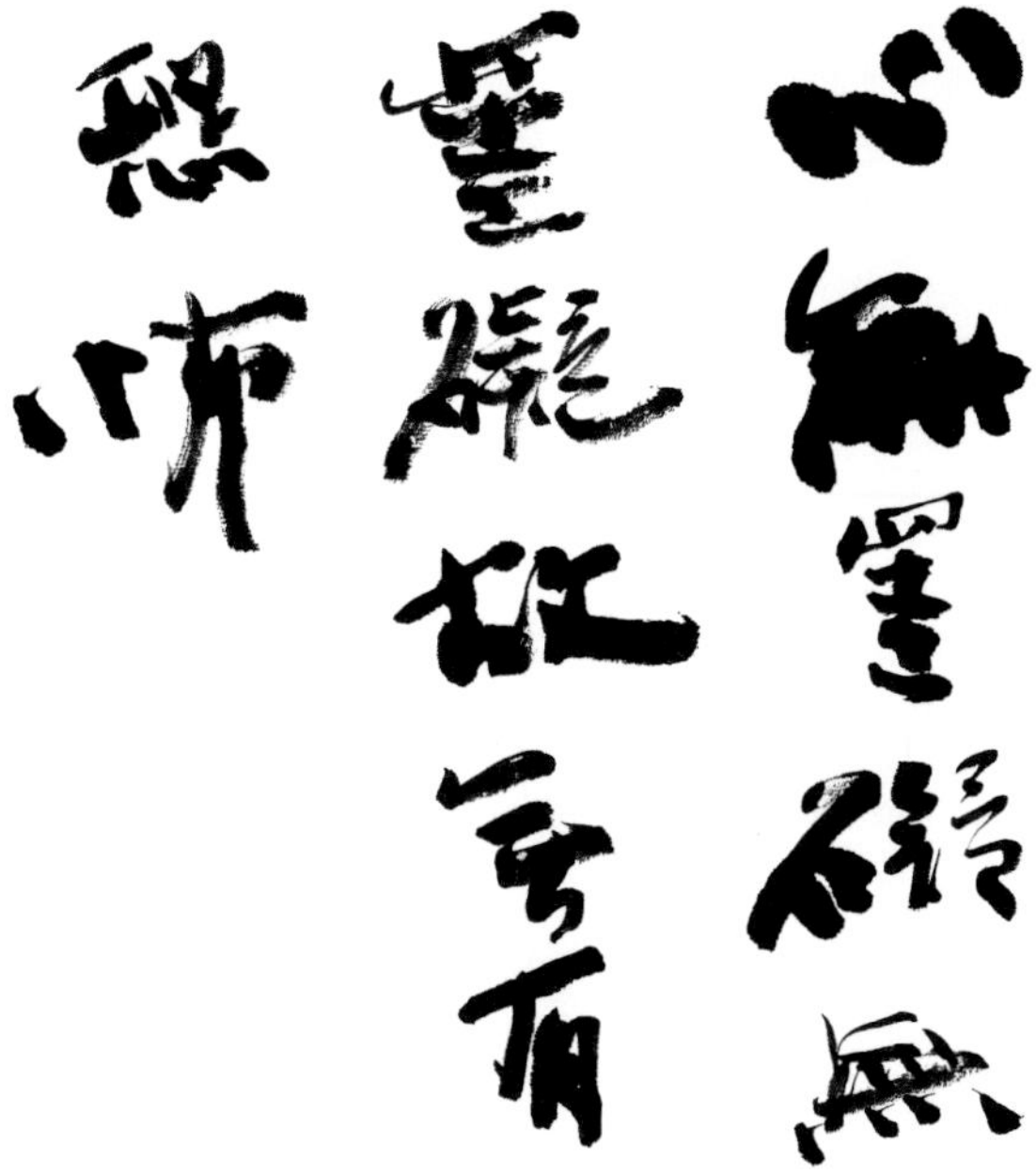
心無罣礙無
罣礙故無有
恐怖

＊

薄暗い道を歩いていると、ビルの角や駐車中の車の陰に潜んで、誰かが自分の様子を窺がっているように思え、するとその不安な心からやがて恐怖の心に変わってきて、その場から逃げ出したくなることがあります。人影だ、と思い込んでいたものが壊れて、風で揺れていた看板だったことがわかった時のショックは、言葉で表現できないほどで、一度に緊張がとれてヘナヘナと座り込んでしまいます。呼吸も乱れず冷静に状況判断できれば、それが本物の人影であっても的確な行動がとれるでしょう。

マンションの八階から転落した幼児が軽傷で救助された、というニュースを聞きました。大人ならば即死でしょうが、幼児は落ちて行くこともその怖れも知らないから、全身がリラックスしていたお陰で、軽傷ですんだそうです。

《罣礙》と恐怖の心を持たない生活は素晴らしいですね。

遠離《おんり》一切《いっさい》顚倒《てんどう》夢想《むそう》究竟《くきょう》涅槃《ねはん》

落ち着きどころ

私の自坊である喝破道場には様々な人たちが訪れます。共通しているのは皆な「何か」を求めているのです。「出家して禅僧になりたい」といって入門して来る人もいますが、中には「歌手になりたい！」という若者や、「俳優になりたい！」という人もいます。夢を持つことは素晴らしいことですが、客観的に見てとても可能性の薄い、余りにも現実離れした夢の夢を見ている人もいます。やがては現実に直面して夢も醒めるでしょうが、人生は長いようで短いものです。《遠離一切顚倒夢想》とは、真実の姿に目覚めよ、といっているのです。そして《究境涅槃》、早く心安らぎ、自らも助かり、社会の為にもなる生き方を選択しなさい、といっているのです。

仏教では、「上求菩提《じょうぐぼだい》・下化衆生《げけしゅうせい》」といって、半分は自分自身の修行として、そして

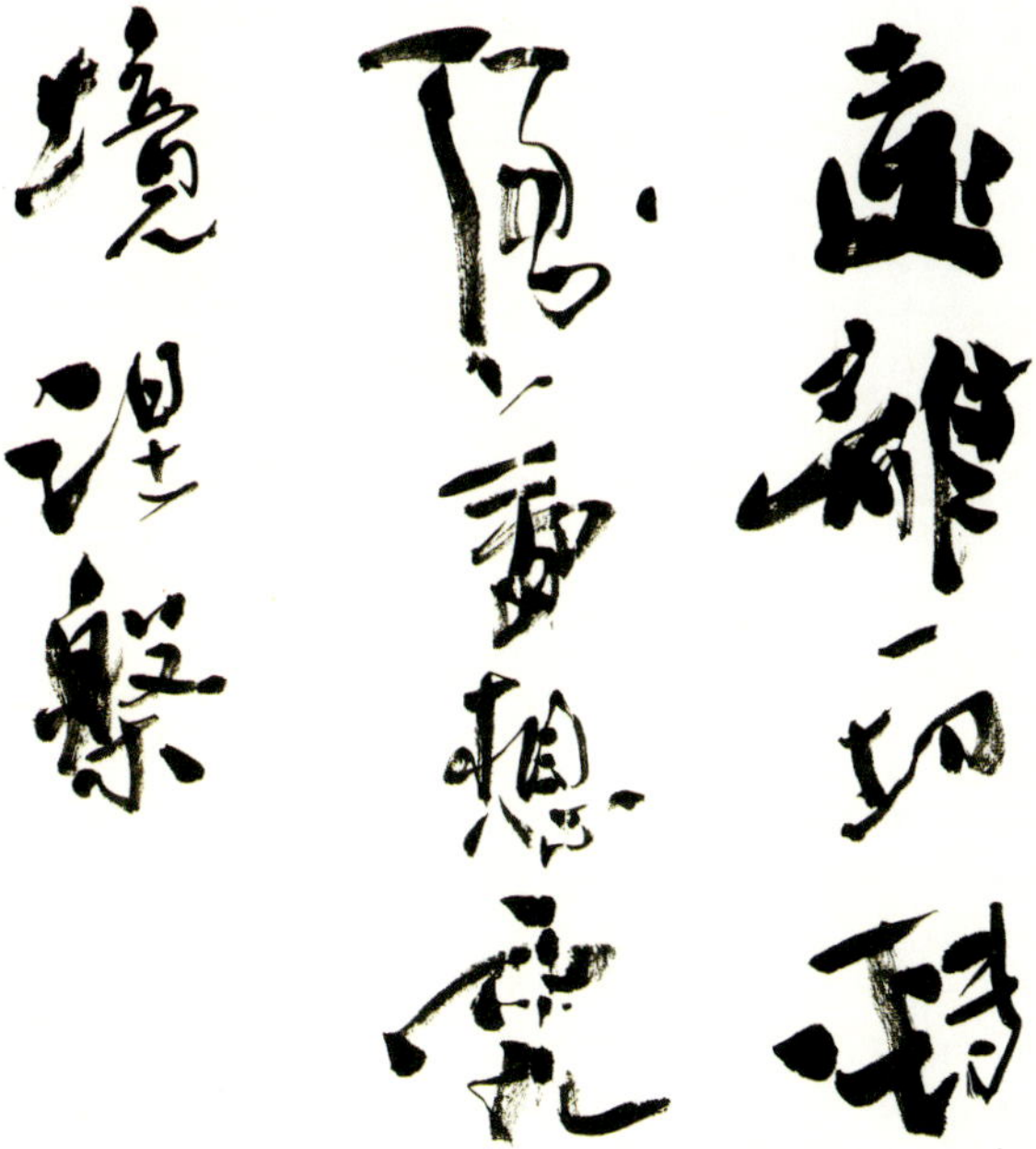
遠離一切顛倒夢想究竟涅槃

半分は社会奉仕のために、と教えています。自分自身の喜びが他の人の喜びになるなら、こんな幸せなことはありません。

＊

喝破道場には『喝破五訓』という標語があります。

1、喜んで与える人間となろう。
2、いのちを大切にする人間となろう。
3、こころ静かに考える人間となろう。
4、使命に生きる人間となろう。
5、規律あるしあわせ喜ぶ人間となろう。

人は生きる目的がなくてはなりません。そしてまた如何に生きるか、という具体性もなければなりません。修行道場には、必ず規矩（規則）というものが設けられています。そして、玄関には「看脚下」と墨書された木札が置かれます。明日のことよりも今日の「今」為すべきことに集中せよと教えています。

『般若心経』では、すべて一切の《顛倒夢想》から遠離して、涅槃の安らぎを体得すべく修行に励みなさい、と教えているのです。

三《さん》世《ぜ》諸《しょ》佛《ぶつ》依《え》般《はん》若《にゃ》波《は》羅《ら》蜜《みっ》多《た》故《こ》得《とく》阿《あ》耨《のく》多《た》羅《ら》三《さん》藐《みゃく》三《さん》菩《ぼ》提《だい》

誓願に生きる

《三世諸佛依般若…》、といわれても、仏教に造詣の深い方以外は理解に苦しむのではないでしょうか。これは、「過去、現在、未来の諸仏は、坐禅によって執らはれなき境地を得られた」とご理解ください。

お釈迦さまより継承されてきた正伝の仏法を、私がお師匠さまより嗣法《しほう》して三十年近くになります。インドに実在した釈迦牟尼仏大和尚から二代目の摩訶迦葉大和尚、そして三代目阿難陀大和尚…、と代々継承され、平成の現代に生きる私が、二千五百年の時空を超えて八十三代目を継承しているのです。そしてその法も、次なる八十四代目として嗣法した者が、国内はもちろんのこと外国にまで伝播し、アメリカ人によって八十五代目が継承されています。過去のものが現在に引き継がれ、そして未来へと三世に亘っ

三世諸佛依般
若波羅蜜多故
得阿耨多羅三
藐三菩提

て今後も引き継がれていくのです。

では、一体何が継承されたのでしょうか。それは、私が万象に依って生かされている、という体感と自分そのものが万象そのものである、という実感であり、釈尊直系としての誇りと仏弟子としての誓願です。

＊

私たちが絶えず口ずさむ仏教讃歌に『四弘誓願』というものがあります。

衆生《しゅじょう》無《む》辺《へん》誓《せい》願《がん》度《ど》
煩《ぼん》悩《のう》無《む》尽《じん》誓《せい》願《がん》断《だん》
法《ほう》門《もん》無《む》量《りょう》誓《せい》願《がん》学《がく》
仏《ぶっ》道《どう》無《む》上《じょう》誓《せい》願《がん》成《じょう》

何処までも社会の為に尽くそう。何処までも自己研鑽につとめよう。何処までも学び心を失わずにいよう。何処までも真実の道を真っ直ぐに進もう、とでも言えましょうか。

修行に卒業はありません。仏教は、「どうしたら世界中の人々が幸せになれるだろうか」

ということがテーマであり回答です。諸仏諸祖方は、共通して「人の為に尽くせ」といわれています。他の人の為に尽くすには、自己犠牲の覚悟も必要かもしれません。口先だけで他人の為、他人の為、と言っている方がいたら、それは正に人偏に為と書いた〈偽〉に他なりません。信仰の信という字は、〈人偏に言う〉と書いてあります。人の言うことが素直に聞き入れられる人のことを「信の人」と言います。仰ぎ見る思いで真理を述べる人の話を聞けるのが「信仰の人」です。私たちも誓願を持ちましょう。自分にできる自分の誓願を。

故《こ》知《ち》般《はん》若《にゃ》波《は》羅《ら》蜜《みっ》多《た》是《ぜ》大《だい》神《じん》呪《しゅ》是《ぜ》大《だい》明《みょう》呪《しゅ》是《ぜ》無《む》上《じょう》呪《しゅ》是《ぜ》無《む》等《とう》等《どう》呪《しゅ》

言葉を超えた言葉

平成十九年に百歳を迎えられた松原泰道老師は、昭和五十年代に『般若心経入門』を著作し、般若心経ブームを巻き起こした方です。また全国の辻説法「南無の会」の現役会長でもあり、私の大恩師です。その老師が、『こころの杖ことば』という小冊子を数冊出されたことがあります。それは仏教経典や禅語、そして論語などから考えさせられる言葉や勇気づける言葉、こころの痛みを癒やしてくれる言葉などを集めて解説したもので、仏教に縁の薄い若い人たちの心を掴むものでした。

人は何か心の拠り処を求めているのです。『般若心経』は、まさに人生全体の杖ことばです。意味がわかるに越したことはありませんが、わからなくても読経しているとリズムが呼吸に合うのです。無心であればあるほど、呼吸を通してお経と私が一つになる

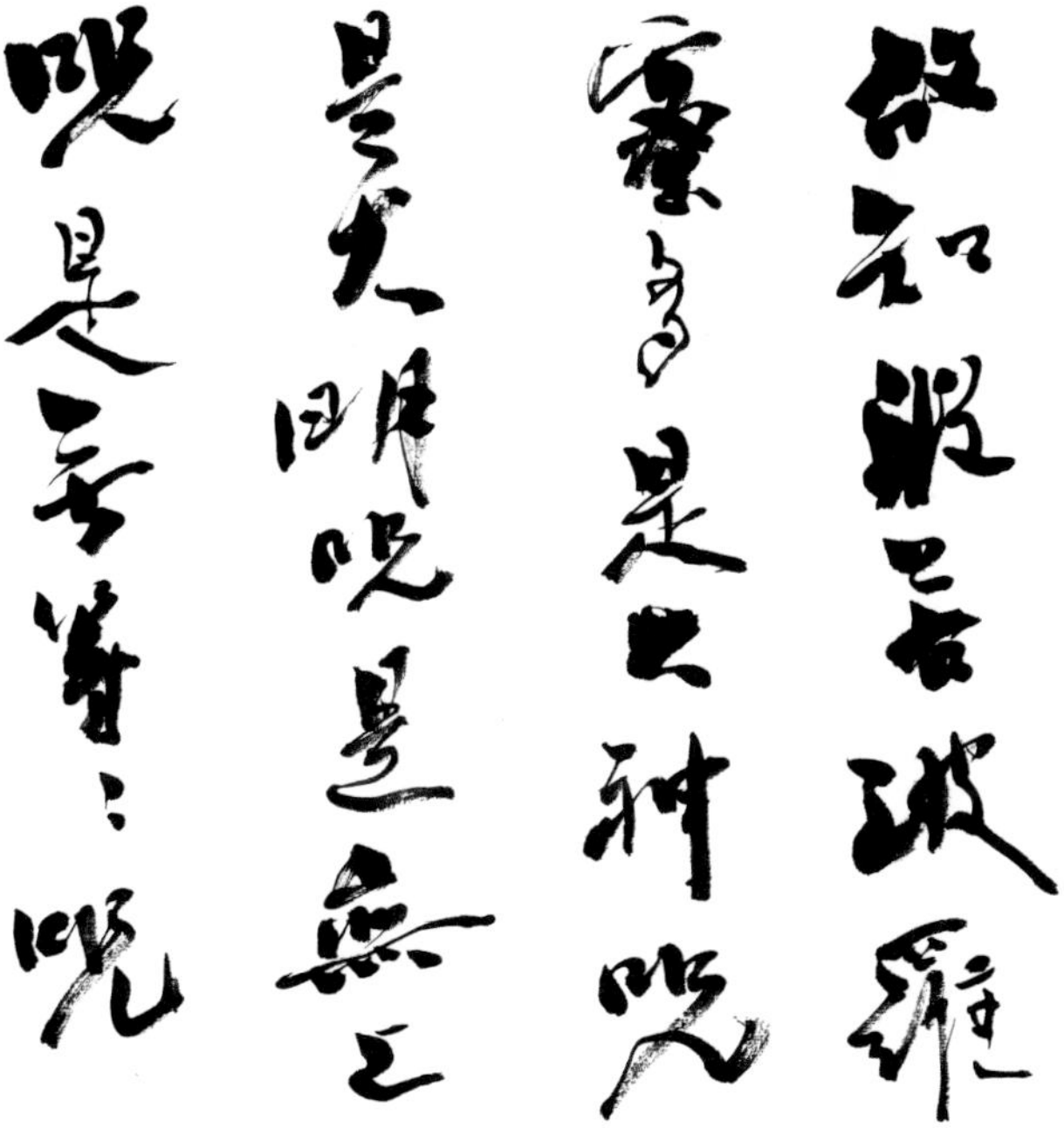
故知般若波羅
蜜多是大神呪
是大明呪是無上
呪是無等々呪

のです。『般若心経』は、まさに「空になれ、無心になれ」と教えているのですから、読経時無心状態のときに言葉を超えた言葉が働き出すのです。それは、読経時の言葉が《呪》（特異な力を持つ秘密語と訳されています）となるのです。

日本に経典が齎《もたら》されて以来、人生の苦難を読経や写経を通して乗り越えられた方々がどれほどおられるでしょうか。奈良の薬師寺金堂再建のために、百万巻般若心経の写経勧進を全国に展開された高田好胤元管主は、「般若心経のこころ」として、

「かたよらない心・こだわらない心・とらわれない心・ひろくひろくもっとひろく、

これが般若心経、空の心なり」

と説かれました。これこそ高田好胤流の真言です。大きな声で唱えてみてください。

能《のう》除《じょ》一《いっ》切《さい》苦《く》

受け入れる

私は五年間、横浜の大本山総持寺で修行していました。そして役目柄、檀家信徒の依頼で祈祷も行っていました。禅宗での祈祷は、『大般若経』六百巻の転読中に『理趣経』を読みつつ、依頼主の祈願に精神集中させるのですが、その以前に私自身が仏になりきらねばなりません。仏の身として祈祷をするのです。そして力強く確信をもって祈願の文言を唱えるのです。その祈祷によって、「願いが叶った！」と身体で感じてもらえなければ意味がありません。

＊

修行中の若い頃に、四国八十八カ所の徒歩巡拝をしたことがあります。修行の身としての遍路ですので、素足に草鞋履きです。ある札所に着くと住職さんが言いました。

花样一印黄

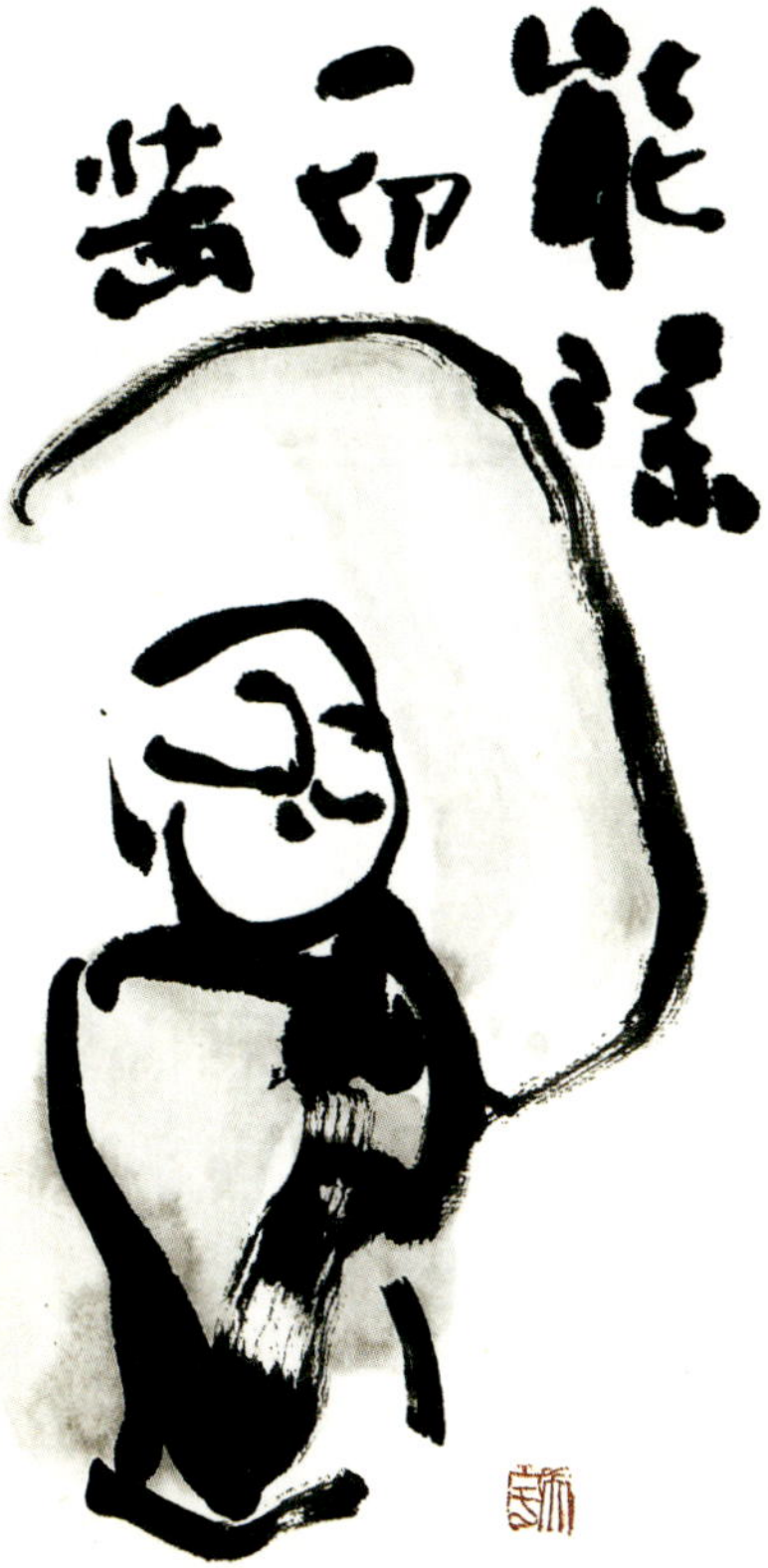

「修行で廻っているのだな。ならばこの草鞋を履いてくれないか。この草鞋を編んだのは、足と肝臓を悪くして歩けなくなったおばあちゃんで、病気平癒の願いを込めて編んだのだ。どうかこの草鞋を履いて、修行力で草鞋を履き切ってほしい。その時におばあちゃんの足と病気は治るだろう……。」

そして三足の草鞋を渡されました。その草鞋の裏底には墨も黒々と〈丑年女病気平癒〉と願いが書かれていました。

修行未熟な私は、草鞋を受け取って身の縮む思いがしました。私の修行不足でこの草鞋が充分に履き切れず、そのためにおばあちゃんの足の怪我と肝臓病を私が受けてしまったら……、と考えると不安が募るばかりでした。私は大師堂で一心に『般若心経』を唱えました。すると、不思議にも自信と勇気が湧いてきました。

「よし、私がおばあちゃんの足と肝臓病を治してあげよう！」

そして、十日ほどで三足の草鞋を履き切りました。

直感的に「あぁ、おばあちゃんの足と肝臓が治った……」と感じました。

眞《しん》實《じつ》不《ふ》虚《こ》故《こ》説《せつ》般《はん》若《にゃ》波《は》羅《ら》蜜《みっ》多《た》呪《しゅ》即《そく》説《せつ》呪《しゅ》曰《わつ》

素直に素直に

この世に真実であるものは何か、と問われたら何と答えるでしょう。

＊

ここに一軒の家があるとします。でもその家は、コンクリートや木材・ガラスや鉄材を集めた集合体であって「家」そのものは存在しません。家を形作る素材を取り除いてしまえば何も残らない。人間の存在も同じです。だからこの世の存在は「空」だと『般若心経』は説いてきました。でもそれは、執着する生き方を止めようということです。では、この世に真実であるものはないのかというと、今ここにこうして生きている私自身は真実です。しかしその存在は、誕生したその時から各駅停車なしの「無常」という乗り物に乗って、老い・病み・そして死に向かって直進しているという紛れもない事実

真實不虛故說般若波羅蜜多咒即說咒曰

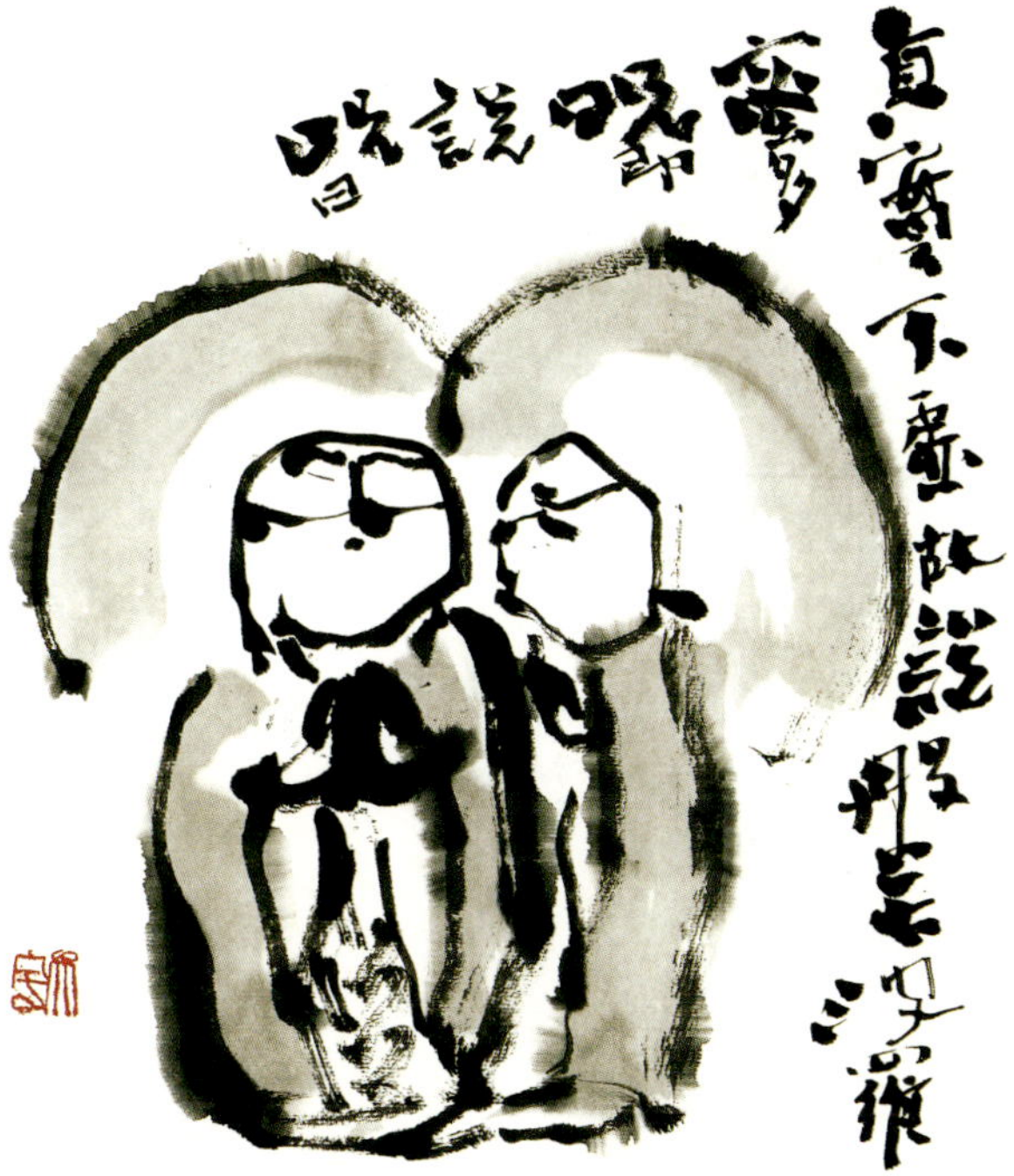

なのです。

その事実に直面し、「四苦」を恐れて逃れようと泣き叫んで錯乱するのか、あるいはどうにでもなれと居直ってしまうのか、または一足跳びに死地に向かうかは人それぞれの反応ですが、観音さまは、

”何も恐れることはない、そのままでいい。般若波羅蜜多という仏の智慧の目で見たならば、その「四苦」をそのまま素直に受け入れなさい。そうすれば楽に生きられるよ“

と言っています。

春が来れば花見をすればいい。夏が来れば暑い暑いと団扇を使えばいい。時には徹夜仕事で疲れるのもいいし、病気になって床に伏すのもいい。すべてをそのままに受け入れられる余裕ができると、忌み嫌っていた「四苦」が愛おしくすら感じられるようになるよ、と母なる観音さまは言っています。観音さま自身が厳しい修行を重ねてきたが故に、人生の機微がわかり、人の心の痛みが自分のこととして理解できるのでしょう。

羯《ぎゃ》諦《てい》羯《ぎゃ》諦《てい》波《は》羅《ら》羯《ぎゃ》諦《てい》波《は》羅《ら》僧《そう》羯《ぎゃ》諦《てい》菩《ぼ》提《じ》薩《そ》婆《わ》訶《か》　般《はん》若《にゃ》心《しん》経《ぎょう》

観音さまはいつも傍にいます

禅宗の修行の一つに托鉢というものがあります。本来は「頭陀行《ずだぎょう》」といって、街頭や軒先に立って乞食をするのです。中にはその乞食僧の姿を不快に感じる方もおられます。私も「糞坊主、立ち去れ！」と怒鳴られて、バケツの水を頭から掛けられたこともあります。頭陀行とは、このような状況にあっても心を動揺させず、冷静に判断行動できる為の修行なのです。

托鉢中に修行僧が唱えている真言があります。《羯諦羯諦波羅羯諦波羅僧羯諦菩提薩婆訶》で、これを無心になって繰り返し、歩調に合わせた腹式呼吸で声も枯れんばかりの大声で唱えるのです。この真言の意味を敢えて和訳すると、「行って行って、また行って、そしてまた行って、悟りの岸に到る。」となります。行くというのは、努力精進の

羯諦羯諦
波羅羯諦
波羅僧羯諦
菩提薩婆訶
般若心経

意味でしょう。私の真言宗のお師匠さまは、護摩法伝授の時に、「去れ去れ、障りを為すものよ去れ、更に去って消滅せよ、願いよ成就！」と教えてくれました。

『般若心経』は、「空」を説いた高邁で深甚な教えで、理解の難しい部分もありますが、この《羯諦羯諦……》はそのエキス部分ですので、ただ無心になって唱えさえすればいいのです。偉大なものに全身の力を抜いて身を任せている大安心の世界です。

＊

幼い頃にお腹が痛くなった時、母が優しくお腹に手を当てて「痛いの痛いの、飛んで行け！」と言いながら擦ってくれると、不思議と痛みが和らいだのを覚えています。あれは母の真言だったのですね。

この世は娑婆世界です。辛いこと・悲しいことがあって当然の世界です。だからこそ観音さまは三十三身に形を変え、姿を変えて私たちの傍にいてくれているのです。それは母であり父であり兄弟姉妹、そして友人なのかも知れません。

羯諦羯諦
波羅羯諦波
羅僧羯諦菩
提薩婆訶

摩《ま》訶《か》般《はん》若《にゃ》波《は》羅《ら》蜜《みっ》多《た》心《しん》経《ぎょう》

観《かん》自《じ》在《ざい》菩《ぼ》薩《さつ》行《ぎょう》深《じん》般《はん》若《にゃ》波《は》羅《ら》蜜《みっ》多《た》時《じ》照《しょう》見《けん》五《ご》
蘊《うん》皆《かい》空《くう》度《ど》一《いっ》切《さい》苦《く》厄《やく》舎《しゃ》利《り》子《し》色《しき》不《ふ》異《い》空《くう》空《くう》不《ふ》
異《い》色《しき》色《しき》即《そく》是《ぜ》空《くう》空《くう》即《そく》是《ぜ》色《しき》受《じゅ》想《そう》行《ぎょう》識《しき》亦《やく》復《ぶ》如《にょ》
是《ぜ》舎《しゃ》利《り》子《し》是《ぜ》諸《しょ》法《ほう》空《くう》相《そう》不《ふ》生《しょう》不《ふ》滅《めつ》不《ふ》垢《く》不《ふ》浄《じょう》
不《ふ》増《ぞう》不《ふ》減《げん》是《ぜ》故《こ》空《くう》中《ちゅう》無《む》色《しき》無《む》受《じゅ》想《そう》行《ぎょう》識《しき》無《む》眼《げん》
耳《に》鼻《び》舌《ぜつ》身《しん》意《い》無《む》色《しき》聲《しょう》香《こう》味《み》觸《そく》法《ほう》無《む》眼《げん》界《かい》乃《ない》至《し》
無《む》意《い》識《しき》界《かい》無《む》無《む》明《みょう》亦《やく》無《む》無《む》明《みょう》盡《じん》乃《ない》至《し》無《む》老《ろう》死《し》
亦《やく》無《む》老《ろう》死《し》盡《じん》無《む》苦《く》集《しゅう》滅《めつ》道《どう》無《む》智《ち》亦《やく》無《む》得《とく》以《い》無《む》

所《しょ》得《とく》故《こ》菩《ぼ》提《だい》薩《さっ》埵《た》依《え》般《はん》若《にゃ》波《は》羅《ら》蜜《みっ》多《た》故《こ》心《しん》無《む》罣《けい》礙《げ》無《む》罣《けい》礙《げ》故《こ》無《む》有《う》恐《く》怖《ふ》遠《おん》離《り》一《いっ》切《さい》顚《てん》倒《どう》夢《む》想《そう》究《くう》竟《きょう》涅《ね》槃《はん》三《さん》世《ぜ》諸《しょ》佛《ぶつ》依《え》般《はん》若《にゃ》波《は》羅《ら》蜜《みっ》多《た》故《こ》得《とく》阿《あ》耨《のく》多《た》羅《ら》三《さん》藐《みゃく》三《さん》菩《ぼ》提《だい》故《こ》知《ち》般《はん》若《にゃ》波《は》羅《ら》蜜《みっ》多《た》是《ぜ》大《だい》神《じん》呪《しゅ》是《ぜ》大《だい》明《みょう》呪《しゅ》是《ぜ》無《む》上《じょう》呪《しゅ》是《ぜ》無《む》等《とう》等《どう》呪《しゅ》能《のう》除《じょ》一《いっ》切《さい》苦《く》眞《しん》實《じつ》不《ふ》虚《こ》故《こ》説《せつ》般《はん》若《にゃ》波《は》羅《ら》蜜《みっ》多《た》呪《しゅ》即《そく》説《せつ》呪《しゅ》曰《わつ》

羯《ぎゃ》諦《てい》羯《ぎゃ》諦《てい》　波《は》羅《ら》羯《ぎゃ》諦《てい》　波《は》羅《ら》僧《そう》羯《ぎゃ》諦《てい》　菩《ぼ》提《じ》薩《そ》婆《わ》訶《か》

般《はん》若《にゃ》心《しん》経《ぎょう》

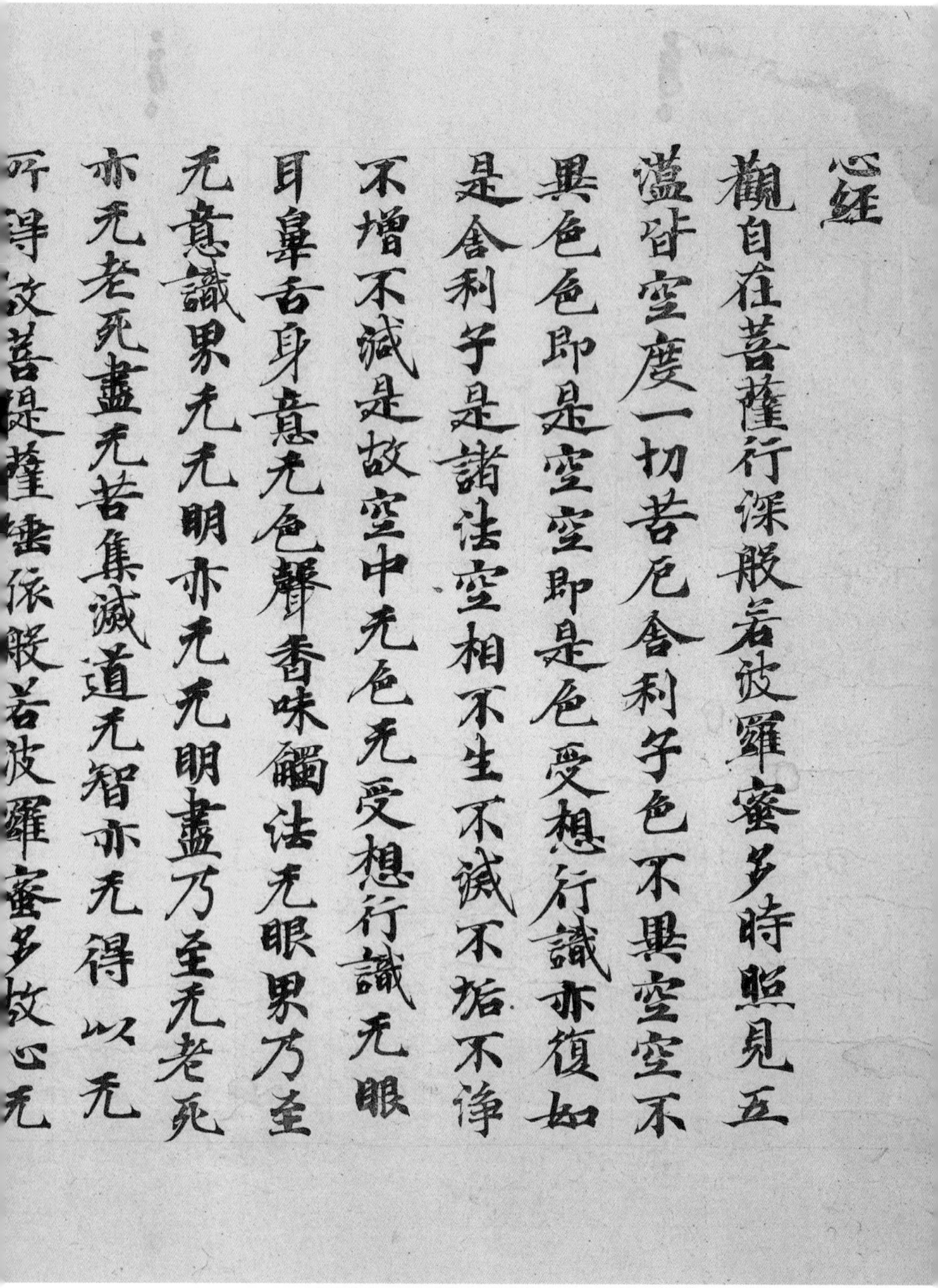
心經
觀自在菩薩行深般若波羅蜜多時照見五
蘊皆空度一切苦厄舍利子色不異空空不
異色色即是空空即是色受想行識亦復如
是舍利子是諸法空相不生不滅不垢不淨
不增不減是故空中无色无受想行識无眼
耳鼻舌身意无色聲香味觸法无眼界乃至
无意識界无无明亦无无明盡乃至无老死
亦无老死盡无苦集滅道无智亦无得以无
所得故菩提薩埵依般若波羅蜜多故心无

隅寺心経 (26.4×42.1㎝／海龍王寺蔵)

罣礙无罣礙故无有恐怖遠離一切顛倒夢
想究竟涅槃三世諸佛依般若波羅蜜多故
得阿耨多羅三藐三菩提故知般若波羅蜜多
是大神呪是大明呪是无上呪是无等等呪
能除一切苦真實不虚故說般若波羅蜜多
呪即說呪曰
掲諦掲諦 波羅掲諦 波羅僧掲諦 菩提薩婆呵
誦此經破十悪五逆九十五種邪道若欲供養
十方諸佛報十方諸佛恩當誦觀世音般若
百遍千遍无間晝夜常誦无願不果

あとがき

見渡せば初夏の彩りに鶯の鳴き声が谷間を山彦する時節です。

二玄社編集部の田中久生さんが、高木大宇先生の書画を携え、大本山総持寺内の寓居後堂寮にお越しになり、『般若心経』で本を書くようにお勧め頂きまして、既に四年が経過してしまいました。

『般若心経』の名が附せられた書籍は山ほどあります。どの一冊を取り上げても、それぞれの方が蘊蓄を傾けられた素晴らしいものです。今更私のような修行未熟な者が……、と考えると筆が進みませんでした。

その後に大本山を乞暇送行してからも、山居している四国の地にわざわざ黒須雪子社長さんが数度お越しになって下さいました。でも、幸いにも私はその都度外出中でした。恥ずかしくてどの貌さげてお会いできましょうか。

それでも筆は進みませんでした。ある日、社長さんより一通の手紙が届き、私のお送りした原稿に赤線を引いて「続きが読みたい！」と書いてありました。私は雪道をかき分けて自坊の随流荘に入り、三日間蟄居して残りを一気に書き上げました。

愚僧喝破大燈の『ほっとする般若心経』が、皆様の生きる一助になればと願っております。

二〇〇八年六月

大　燈

野田大燈（のだ・だいとう）

1946年生。財団法人「喝破道場」理事長。社会福祉法人「四恩の里」理事長。2001～2006年、大本山総持寺後堂。学校法人総持学園理事。県立児童養護施設「亀山学園」園長。厚生労働省委託実施事業「若者自立塾」塾長。曹洞宗社会福祉施設連盟理事長。香川県護身道連盟会長。1989年、正力松太郎賞受賞、キワニス社会公益賞受賞。2008年、仏教伝道文化賞受賞。著書：「かっぱ問答」「蹉跌燦1・2」（美巧社）、「子どもを変える禅道場」（大法輪閣）、「続ほっとする禅語70」監修（二玄社）、他。

http://www.kappa.or.jp/

高木大宇（たかぎ・だいう）

1930～2013年、愛知県生。1990年、愛知県教育功労者表彰。1994年、春日井市道風記念館に作品寄贈。1997年、愛知県芸術選奨文化賞受賞。元愛知学院大学教授。日展会友・中部日本書道会常任顧問・謙慎書道会常任理事・読売書法会理事・宇門会主宰。

ほっとする般若心経《はんにゃしんぎょう》

2008年6月30日　初版発行

2021年8月25日　4刷発行

著　者　野田大燈《のだだいと》　高木大宇《たかぎだいう》

発行者　渡邊也寸美

発行所　株式会社 二玄社

〒113-0021　東京都文京区本駒込6-2-1

電話：03(5395)0511　Fax：03(5395)0515

http://nigensha.co.jp

装　丁　武藤一将

印　刷　凸版印刷株式会社

製　本　鶴亀製本株式会社

ISBN978-4-544-05132-2　C0014

楽に生きるための智恵を説く。

ほっとする禅語70

渡會正純 監修｜石飛博光 書 ●1100円

誰もが一度は聞いている70の言葉を元に、気鋭の書家の書を配し、優しい文字が深く、深い文字が面白く読めるよう工夫。心を癒す一冊。

やさしい言葉と美しい書で心を癒す。

続ほっとする禅語70

野田大燈 監修｜杉谷みどり 文｜石飛博光 書 ●1100円

厳しくて難しいもの…、そんな風に思われがちだった禅の印象を一新。やさしく軽やかな言葉と、美しく心なごむ書で説き明かす安らぎの書。

いのちを養うタオの智慧。

ほっとする老子のことば

加島祥造 画・文 ●1100円

老子とタオイズムを一般に紹介してきた著者による老子入門。口語詩版老子から訳詩を選び、テーマに沿ったエッセイに墨彩画や書を添える。

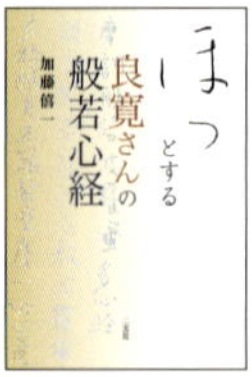

我が生何処より来り去って何処にかゆく。

ほっとする良寛さんの般若心経

加藤僖一 著 ●1320円

良寛が遺した「般若心経」を元に天衣無縫の書を味わい「無」の教えを辿る。随所に加えた良寛の和歌と瀬川強氏の写真が心安まる雰囲気を醸し出す。

おじさんたちの手から『論語』を解放。

ほっとする論語70

杉谷みどり 文｜石飛博光 書 ●1320円

古典に籠められた知恵を優しく説き明かし、今に活かす画期的な手引き。書で目を楽しませ、読み進む内に心も晴れる、好評シリーズ第五弾。

二玄社 〈価格税込／2021年8月現在。〉 http://nigensha.co.jp